Aleida Assmann

Formen des Vergessens

HISTORISCHE GEISTESWISSENSCHAFTEN
FRANKFURTER VORTRÄGE

Herausgegeben von
Bernhard Jussen und Susanne Scholz

Band 9

Aleida Assmann

Formen des Vergessens

WALLSTEIN VERLAG

Bibliografische Information der Deutschen Nationalbibliothek
Die Deutsche Nationalbibliothek verzeichnet diese Publikation in der Deutschen Nationalbibliografie; detaillierte bibliografische Daten sind im Internet über http://dnb.d-nb.de abrufbar.

Sechste Auflage 2024

www.wallstein-verlag.de
Vom Verlag gesetzt aus der Stempel Garamond
Umschlaggestaltung: Susanne Gerhards, Düsseldorf
Lithographie: SchwabScantechnik GmbH, Göttingen
Druck und Verarbeitung: Friedrich Pustet, Regensburg

ISBN 978-3-8353-1856-4

Inhalt

Vorwort

»I forgot to remember to forget« – singt Elvis Presley in einem sehnsuchtsvollen Song, in dem er beklagt, dass er seine Liebe nach dem Abbruch einer Beziehung nicht so einfach abstellen kann. Elvis hat in diesem Lied ein handfestes Vergessensproblem, das der Harvarder Psychologe Daniel Schacter in seiner Liste von sieben Formen des Vergessens an letzter Stelle aufgeführt hat: Beharrungsvermögen oder Hartnäckigkeit (persistence). Diese siebte ›Sünde der Erinnerung‹, wie er sie nennt, besteht in der wiederholten Erinnerung an Gefühle, Informationen oder Ereignisse, die wir gerne ganz aus unserem Bewusstsein verbannen würden, doch dies gelingt uns nicht; wir erinnern uns weiterhin gegen unseren Willen an das, was wir nicht vergessen können.[1]

In einer etwas anderen Bedeutung kann ich den Satz aus dem Elvis Song auf das vorliegende Buch beziehen. Ich hätte womöglich vergessen, mich daran zu erinnern, dieses Vergessens-Buch zu schreiben, wäre nicht nach einem Vortrag in Frankfurt Bernhard Jussen auf mich zugekommen, der mir dafür einen Platz in seiner Reihe als Publikationsort anbot. Zusammen mit dem Wallstein Verlag hat er einen attraktiven Rahmen für diese Erweiterung meines Vergessens-Projekts geschaffen und es damit vor dem Vergessen bewahrt.

Die Vorarbeiten zu diesem Projekt gehen, wie so oft, auf Impulse, Interesse, Ideen und nicht zuletzt auch die Forderungen anderer zurück. Sie haben die verschiedenen Stadien, die der Text durchlaufen hat, entschieden mitgeformt. Am Anfang stand ein unvergessliches Kolloquium

1 Daniel Schacter, *The Seven Sins of Memory*, Houghton Mifflin, 2001.

in Romainmoitier, das André Blum 2010 zusammen mit Theresa Georgen, Wolfgang Knapp und Veronika Sellier organisierte. Der Tagungsband erschien 2012 unter dem Titel *Potentiale des Vergessens*. Weitere Anregungen zum Thema verdanke ich Johannes Zachhuber und seiner Oxforder Gruppe sowie einem von David Shulman (Martin Buber Society Jerusalem) und Giovanni Galizia (Zukunftskolleg Konstanz) geleiteten Workshop an der Universität Konstanz. Besonders erwähnen möchte ich aber auch die konstruktiven Diskussionen nach Vorträgen, aus denen ich viele Fragen und Anregungen mitnehmen konnte.

Mit dem Angebot des Wallstein Verlags eröffnete sich eine Perspektive, diese Vorarbeiten noch einen Schritt weiter zu führen und um einen zweiten Teil mit Fallbeispielen zu ergänzen. Die Themenfelder Erinnern und Vergessen haben eine feste professionelle Basis nur in den Disziplinen Psychologie und Neurowissenschaft. Alles, was darüber hinausgeht, überschreitet die Grenzen fachwissenschaftlicher Spezialisierung und wird damit zur Beute der Kulturwissenschaft. Das machen auch die Fallgeschichten wieder deutlich, die hier mit eingeschlossen sind. Ich verstehe die Rekonstruktion der unterschiedlichen Kontroversen und Praktiken im Umgang mit unbequemen Vergangenheiten, die das Absenken ins Vergessen und das Wiederauftauchen aus dem Vergessen begleiten, als eine ›kleine Ethnographie des Vergessens‹. Die Sammlung von Beispielen, die auf Ereignisse innerhalb des letzten Jahrzehnts fokussieren, dabei aber auch längerfristige Perspektiven einschließen, zeigt, wie aktuell das Ringen um Erinnern und Vergessen ist, mit dem Gesellschaften ihr Verhältnis zwischen Vergangenheit, Gegenwart und Zukunft immer wieder neu justieren und vermessen.

Dass das Buch so bald erscheinen konnte, verdanke ich der produktiven Zusammenarbeit mit dem Wallstein

Verlag und seinem hilfreichen Termindruck. Insbesondere konnte ich mich auf die kompetente und effektive Unterstützung des Lektors Martin Wiegand verlassen, der mich kommunikativ und zuverlässig durch den Produktionsprozess geleitete und dem Buch seine handliche und lesbare Gestalt gegeben hat. An alle Impulse, Anregungen, kompetente Hilfe und Unterstützung werde ich auf keinen Fall vergessen, mich zu erinnern!

Konstanz im August 2016
Aleida Assmann

Einleitung

In Deutschland hat sich eine Erinnerungskultur entwickelt, die mit der Überzeugung verbunden ist, dass die Geschichtslast des Holocaust nicht mehr durch Vergessen entsorgt werden kann. Seitdem hat das Erinnern eine zentrale Bedeutung in unserer Kultur angenommen und wird immer öfter mit einer ethischen Pflicht gleichgesetzt. Gegen diese verbreitete implizite Überzeugung hat sich Jan Philipp Reemtsma ausgesprochen: »Erinnert muss werden, erinnern hat eine imperativische Semantik. Doch was soll am Erinnern positiv sein? Erinnern wie Vergessen sind menschliche Eigenschaften, die weder gut noch schlecht sind, sondern beide dazu gehören, das Leben zu bewältigen.«[1]

Erinnern oder Vergessen sind nicht an sich gut oder schlecht, da ist Reemtsma unbedingt zuzustimmen. Das Vergessen ist auch weit mehr als ein defizienter Modus des Erinnerns. Seine Bedeutung reicht weit über die notorische Erinnerungsschwäche und gelegentliche Ausfallerscheinungen hinaus. Um einen Eindruck von den vielfältigen Formen und Funktionen des Vergessens zu gewinnen, müssen wir deshalb genauer nach den psychologischen, sozialen und politischen Rahmenbedingungen fragen, innerhalb derer Menschen sich erinnern oder vergessen, sowie nach den Gefühlen, die dabei mobilisiert oder stillgestellt werden.

Die Verschränkung von Erinnern und Vergessen

Da wir nicht anders als im Medium unserer Sprache denken können, bewegen wir uns immer schon in den Kategorien

1 Reemtsma, »Wozu Gedenkstätten?«, in: *Aus Politik und Zeitgeschichte* 25/26 (2010), 3.

und Bedeutungsbeziehungen, die uns die Worte vorgeben. Das Wort ›Vergessen‹ steht im Deutschen üblicherweise in einem klaren Gegensatz zu ›Erinnern‹. Vergessen erscheint in dieser Bedeutungs-Konstellation als Antipode und Widersacher des Erinnerns, das eine schließt das andere effektiv aus. Dieser Gegensatz zwischen Erinnern und Vergessen prägt sich auch in unserem Denken aus. Die beiden Begriffe entwickeln dabei die Tendenz, immer neue Gegensatzpaare hervorzubringen:

Vergessen		**Erinnern**
schlecht	–	gut
einfach	–	aufwendig
kostenlos	–	teuer
schnell	–	langsam
unbewusst	–	bewusst

Die bereits in die Sprache eingebaute Asymmetrie erklärt vielleicht auch, warum dem Erinnern zunächst sehr viel mehr Aufmerksamkeit und Forschungsenergie gewidmet war. Im Vergleich dazu führte das Vergessen ein Schattendasein. Haben wir über dem Aufbau von Erinnerungskulturen und der Erforschung des individuellen und kollektiven Gedächtnisses das Vergessen vergessen?[2]

Nein, es ist längst in die Aufmerksamkeit und Forschung zurückgekehrt. Mit einem vielbeachteten Aufsatz ›Seven Types of Forgetting‹ von Paul Connerton wurde 2008 die erste Nummer der Zeitschrift Memory Studies eröffnet. Ann Whitehead sprach 2009 von einer diskursiven Wende in der Gedächtnisforschung, die vom Erinnern

2 Sibylle Krämer, »Das Vergessen nicht vergessen! Oder: Ist das Vergessen ein defizienter Modus von Erinnerung?«, in: Erika Fischer-Lichte, Gertrud Lehnert (Hg.), *Inszenierungen des Erinnerns*, *Paragrana*, Bd. 9, H. 2, 2000, S. 251-275.

›Der größte Teil geht verloren‹. Darstellung des menschlichen Gedächtnisses aus einem spanischen Emblembuch der Barockzeit.[3]

aufs Vergessen umstellt: »So paradox es klingen mag, Vergessen ist ein wichtiges, ja wesentliches Element in der Weiterentwicklung der Gedächtnisstudien.«[4] Seitdem haben wir aber auch die Vorstellung abgelegt, dass Erinnern und Vergessen einen idealtypischen Gegensatz bilden. Die Vergessens-Forschung beginnt mit der Einsicht in die Verschränkung der beiden Begriffe. Aber auch diese Einsicht ist keineswegs neu.

Es gibt ein barockes Sinnbild, das deutlich macht, wie unlösbar Erinnern und Vergessen ineinander greifen.[5] Es zeigt ein aufgeschlagenes Buch in einer Wolke, was auf

3 Sebastian de Covarrubias Horozco's »emblemas morales« (1610), S. 115. Mit freundlicher Genehmigung der Rare Book & Manuscript Library, University of Illinois in Urbana-Champaign.

4 Ann Whitehead, *Memory.* Critical Idiom Series, London: Routledge, 2009, 154.

5 Arthur Henkel, Albrecht Schöne, (Hg.), *Emblemata. Handbuch zur Sinnbildkunst des XVI. und XVII. Jahrhunderts*, Stuttgart: Metzler 1967, S. 1387.

heutige Betrachter überraschen mag, weil es wie eine prophetische Vorwegnahme aktueller elektronischer Speichermodalitäten wirkt. Aus dieser Wolke regnet es jedoch herab, was veranschaulichen soll, wie sich der geistige Inhalt des Buches verbreitet. Von den kostbaren Tropfen des Wissens findet nur ein winziger Prozentsatz seinen Weg in eine Flasche, die unter dem Buch aufgestellt ist. Die Botschaft wird versprüht, erreicht aber aufgrund hoher Streuverluste nicht ihr Ziel. Dieses Ziel ist das Gedächtnis, das als eine Flasche mit einem engen Hals symbolisiert wird. Das Bild veranschaulicht die Dynamik und Dialektik des Gedächtnisses, in dem grundsätzlich Platzmangel herrscht, weshalb Erinnern und Vergessen untrennbar ineinandergreifen. Seine Botschaft wird in einer Inschrift zusammengefasst, die auf einer Banderole das Bild durchzieht: ›Periit Pars Maxima‹: Der größte Teil geht verloren.

Das aus Bild und Text komponierte Emblem illustriert einen Leitsatz der antiken Mnemotechnik, einer Disziplin, die sich für die Speicherkapazität des menschlichen Gedächtnisses interessierte und in der Renaissance wiederentdeckt wurde. Die Mnemotechnik erfand immer neue Methoden, um das menschliche Merkvermögen zu schärfen und die Gedächtniskraft zu steigern. Das Bild enthält also nicht nur eine pessimistische Diagnose über die engen Grenzen des menschlichen Gedächtnisses, sondern auch das Versprechen, diese Grenzen zu erweitern. Wer sich den Virtuosen des Gedächtnis-Trainings anvertraut, kann den ›Flaschenhals‹ seines eigenen Gedächtnisses effektiv erweitern und den eingelagerten Inhalt auch ordentlich sortieren, um ihn leichter und zuverlässiger wieder abzurufen. Das Emblem funktioniert gewissermaßen wie ein Inserat, mit dem die Gedächtnislehrer der frühen Neuzeit ihre Kunst anpriesen, um Kunden zu werben. Die Beischrift mahnt: »Was wir lesen und was wir auswendig lernen, vergessen wir, kaum dass wir den Kopf abgewandt haben« – es sei denn, ihr lernt von uns, wie ihr eure ›Gedächtnismuskeln‹ systematisch trainieren und stärken könnt.

Trotz der prophetischen Konstellation von Buch und Wolke entstand das Bild in einer Zeit, als das individuelle Gedächtnis noch in einem engen Verhältnis zum kulturellen Gedächtnis stand und eine andere Bedeutung hatte. Es kam deshalb darauf an, das Gedächtnis zu trainieren, aber es gab damals noch nicht die Vorstellung vom Gedächtnis als einem rein funktionalen Werkzeug, das man für kurzfristige Belastungsproben einspannt, um eine Klausur zu bestehen in der Absicht, dieses Wissen dann so bald wie möglich wieder loszuwerden. Pauken, um gleich wieder zu vergessen, ist das Gegenteil der Wertschätzung des Gedächtnisses, das von der Antike bis in die Neuzeit galt und in einem Satz zusammengefasst ist, den auch Kant noch zitiert hat: ›Tantum scimus, quantum memoria tenemus‹ (wir wissen nur so viel, wie wir im Gedächtnis behalten).[6] In dieser Tradition kam es darauf an, das Gedächtnis solide mit Faktenwissen, Lehrmeinungen und einem großen Schatz an Zitaten zu füllen. Diese Tradition der klassischen Rhetorik ist bereits von Montaigne in Frage gestellt worden, der die Beweglichkeit eines freien Geistes einem prall gefüllten Gedächtnis vorzog. Montaigne entzog sich also dem Werben der Mnemotechniker und wurde damit zu einem frühen Anwalt des Vergessens. Seit der Aufklärung wurden die Begriffe Geist und Gedächtnis entkoppelt und haben sich in unterschiedliche Richtungen entwickelt.

Unabhängig von seiner Tradition und ihren kulturgeschichtlichen Voraussetzungen kann uns das Bild eine Vorstellung von der Dynamik des Gedächtnisses vermit-

6 Immanuel Kant, *Anthropologie in pragmatischer Hinsicht* (1797), Ausgabe der Preußischen Akademie der Wissenschaften, Berlin 1902, Vol. VII, 184.

teln, in der Erinnern und Vergessen aufs Engste ineinandergreifen. Was wir uns landläufig als Gegensätze vorstellen, wird unter dem Aspekt des Platzmangels und der damit verbundenen Zwänge des Gedächtnisses als ein komplexerer Zusammenhang sichtbar. Erinnern ist aber auch deshalb eng mit dem Vergessen liiert, weil beide zusammen die wechselnden Rhythmen unseres Bewusstseins organisieren. Das, woran wir uns erinnern, musste zeitweilig von der Bildfläche des Bewusstseins verschwunden sein. Erinnern ist ja gerade nicht (wie das die Mnemotechnik anstrebte) mit einem direkten Zugriff auf Wissen gleichzusetzen, sondern entspricht eher der Figur einer ›Wiederholung‹ oder ›Wiedererkennung‹ über zeitliche Intervalle hinweg. Erinnern gewinnt sein Gewicht und seine Bedeutung aus der Überwindung eines zeitlichen Abstandes und einer Phase der Geistesabwesenheit: man holt etwas in die Gegenwart hinein oder lässt sich auf etwas ein, was vorübergehend oder längere Zeit nicht Gegenstand der Aufmerksamkeit, des Wissens oder des aktiven Bewusstseins war. Auf Erinnern und Vergessen als unterschiedliche Bewusstseinslagen zielt auch die Definition des amerikanischen Autors Ambrose Bierce: »Etwas vorher nicht Bewusstes mit Ergänzungen ins Gedächtnis rufen.«[7] Besonders einschlägig ist in dieser Hinsicht ein Begriff von Friedrich Georg Jünger, einem Pionier der Vergessensforschung. Er hat zwischen zwei Formen des Vergessens unterschieden, solchen, die mit *Verlust* und solchen, die mit *Erhaltung* verbunden sind: »Das Vergessen, das die Verwahrung des Gedachten und seine Rückkehr ins Denken ermöglicht, ist das unwahrnehmbare Verwahrensvergessen.«[8] Das Verwahrensvergessen ist ein Latenzgedächtnis.

7 Ambrose Bierce, *Das Wörterbuch des Teufels*, Auswahl, Übersetzung und Nachwort von Dieter E. Zimmer, Frankfurt a.M. 1980, 26.

8 Friedrich Georg Jünger, *Gedächtnis und Erinnerung*, Frankfurt a.M.

Vor diesem Hintergrund verbietet es sich, Erinnern und Vergessen ausschließlich als Gegensätze zu begreifen; ebenso wenig dürfen wir sie einfach miteinander gleichsetzen. Das geschieht zum Beispiel in Kontexten, wo Erinnerungspraktiken kritisiert werden. Rituelle, gebetsmühlenartige Formen der Wiederholung, so heißt es immer wieder, leisten nur dem Vergessen Vorschub. Alle Anzeichen eines routinisierten, trivialisierten oder kommerzialisierten Erinnerns können auf diese Weise pauschal als Formen des Vergessens beurteilt werden. Vor allem aber müssen wir einen Sicherheitsabstand halten von zwei Zuständen, die als Neuropathologien bekannt sind: vollständiges Erinnern und vollständiges Vergessen. Über solche Extremzustände haben wir anschauliche pathologische Berichte von Medizinern und phantastische Berichte von literarischen Autoren und Filmen. Die vollständige Löschung von Gedächtnisspuren haben wir im Zustand der totalen Amnesie vor Augen, wie wir sie heute mit der Alzheimerkrankheit verbinden; den entgegengesetzten Zustand des *total recall* haben uns Arnold Schwarzenegger in seinem gleichnamigen Film und Jorge Louis Borges in einer berühmten Erzählung über den Hypermnestiker Funes vorgeführt.[9]

Das Gedächtnis, in dem sich Erinnern und Vergessen auf vielfältige Weisen verschränken, arbeitet zwischen den

1957, 16-17. Zum Begriff der ›Latenz‹: Hans-Ulrich Gumbrecht, Florian Klinger, Hg., *Latenz. Blinde Passagiere in den Geisteswissenschaften*, Göttingen: Vandenhoeck & Ruprecht, 2011.

9 Renate Lachmann, »Die Unlöschbarkeit der Zeichen: Das semiotische Unglück des Mnemonisten«, in: Anselm Haverkamp, Renate Lachmann (Hg.), *Gedächtniskunst. Raum – Bild – Schrift. Studien zur Mnemotechnik*, Frankfurt a.M. 1991, S. 111-145. Jorge Luis Borges, *Die Bibliothek von Babel* und *Das unerbittliche Gedächtnis* (Funes el memorioso), Hg. José A. Friedl Zapata, Stuttgart: Reclam, 2008; Danilo Kiš, *Die Enzyklopädie der Toten*, München: Hanser Verlag, 1986; Arnold Schwarzenegger, *Total recall*, Regie: Paul Verhoeven, 1990.

Extremen ›alles speichern‹ und ›alles löschen‹. Dafür eröffnet es unterschiedliche Räume für das, worauf später noch einmal zurückgegriffen werden kann. Diese Räume können wir uns nach dem Modell eines Geschäfts mit Schaufenster, Verkaufsraum und Magazin vorstellen. Ebenso sind auch im Gedächtnis manche Dinge mehr oder weniger zugänglich, präsent und zugriffsbereit. Weniges wird im Schaufenster ausgewählt und ausgestellt, vieles kann im Inneren des Ladens besichtigt werden, und noch mehr ist entzogen und muss auf bestimmte Stichworte warten, bis es noch einmal zum Vorschein kommt. Die räumliche Metapher ist dabei nur eine Anschauungshilfe, um den Begriff des Vergessens zu differenzieren und unterschiedliche Grade des Vergessens hervorzuheben. Auf manches kann man leicht zugreifen, weil es innerhalb einer gut etablierten Ordnung von Synapsen adressierbar ist; anderes muss man länger suchen oder darauf warten, bis es sich von selbst einstellt, und vieles bleibt für immer verloren. Das Spannende und Paradoxe ist dabei, dass das Gedächtnis zugleich ein Monitor ist, der in Echtzeit eine Beobachtung und Reflexion der Vergessens-Operationen zulässt. Augustin unterschied deshalb zwischen einem partiellen Vergessen, das das eigene Vergessen noch zu registrieren vermag, und einem totalen Vergessen, aus dem nichts mehr zurückgeholt werden kann: »Noch nicht völlig also haben wir vergessen, wovon wir uns wenigstens erinnern, dass wir es vergessen haben. Darum: was wir ganz vergessen hätten, könnten wir auch gar nicht als Verlorenes suchen.«[10]

Das Gedächtnis schaltet und waltet also über Erinnern *und* Vergessen, und das schließt sogar eine Wahrnehmung dieser schwer zu kontrollierenden Bewegungen zwischen

10 Augustin, *Bekenntnisse*, Augustinus, Bekenntnisse, Zehntes Buch, zweisprachige Ausgabe, übersetzt und erläutert von Joseph Bernhart, Frankfurt a.M.: Insel Verlag, 1987, 533.

Bewusstmachen und Unbewusstwerden mit ein. Statt Erinnern und Vergessen in diametraler Opposition zueinander zu sehen oder gar für das eine oder andere zu optieren, ist es deshalb hilfreicher, den Zwischenraum zwischen den Polen genauer zu vermessen und die Formen der Verschränkung und Überlappung zu analysieren. Bei dieser Ausleuchtung zeigt sich ein differenziertes Spektrum mit Abstufungen, Schattierungen und schleichenden Übergängen zwischen dem Vordergrund des Bewussten und dem Hintergrund des Nicht-Bewussten und Unbewussten. Die folgende Übersicht versucht, die Dynamik von Erinnern und Vergessen im kulturellen Gedächtnis in ihren unterschiedlichen Institutionen und Phasen zu veranschaulichen, wobei zentripetale Kräfte des Bewahrens und Konservierens auf zentrifugale Kräfte des Zerstreuens und Zerstörens treffen. Dabei zeigen sich drei wichtige Abstufungen und Zusammenhänge. Erstens erscheinen Erinnern als auch Vergessen jeweils in einer aktiven und passiven Variante, wobei zu betonen ist, dass die Kraft des Archivs in Bezug auf die Konservierungsleistung unbedingt als aktiv, jedoch in Bezug auf die Hierarchie im kulturellen Gedächtnis eher als passiv einzustufen ist. Zweitens deutet der Überblick die Arbeitsteilung und das Zusammenspiel in der Arbeit der Institutionen an. Museen und Bibliotheken, Geisteswissenschaften wie Literatur- und Kunstwissenschaft, Geschichte und Archäologie arbeiten sowohl im Horizont des Kanons wie des Archivs. Die Übersicht unterstreicht die Beweglichkeit kultureller Objekte im Spannungsfeld zwischen Erinnern und Vergessen. Zwischen Kanon, Archiv und dezentralen Depots spielt sich das Gebrauchsleben der kulturellen Objekte ab. Was im Archiv gelandet ist, kann im Falle einer Umwertung und Neudeutung grundsätzlich wieder in den Kanon aufsteigen, was unter der Erde noch materiell erhalten ist,

Die Dynamik des kulturellen Gedächtnisses

Erinnern		Vergessen	
zentripetale Kräfte		*zentrifugale Kräfte*	
Verehren	**Sammeln**	**Zerstreuen**	**Zerstören**
aktiv	*passiv*	*aktiv*	*passiv*
Kanon	**Archiv**	**Veralten**	**Verschwinden**
heilige und klassische Texte	historische Quellen	materielle Spuren	Zeit/Abriss/ Abfall
Auswahl	Ansammlung	vernach- lässigen	verneinen/ entsorgen
Traditions- bildung	Speicher	Veralten	zerfallen/ wegwerfen
identitäts- bildend	historisches Bewusstsein	Relikte	Vandalismus
lebendige Partizipation	bewahrende Vorhaltung	Latenz in dezentralen Depots	Verlust/ Lücke

kulturelle Institutionen:

Museum, Bibliothek	*Geschichts- schreibung*	*Archäologie*	*Zeit, Zensur, Gewalt, Müll*

können Archäologen und Prähistoriker noch einmal ins Museum zurückholen. Passives Vergessen ist nicht endgültig; für wiederentdeckte Relikte gibt es Rückwege in die Vorratskammern und Schausäle der Kultur. Das gilt jedoch nur bedingt fürs aktive Vergessen. Was mit Gewalt zerstört oder mit Absicht entsorgt worden ist, kann nicht mehr zurückgeholt werden. Hier bleibt nur die Möglichkeit einer Erzählung oder einer Kopie, um die Lücke vor dem endgültigen Vergessen zu bewahren. Diese Übersicht sollte man jedoch nicht missverstehen, denn auch sie steht unter dem Motto: »Der größte Teil geht verloren« (und das ist auch gut so).

Techniken des Vergessens

›Vergessen‹ ist ein pauschaler Sammelbegriff, unter dem sich sehr unterschiedliche Handlungen, Verfahren und Strategien verbergen. Es lohnt sich, auch einmal die verschiedenen Techniken zu benennen, mit denen Vergessen in praktischen und symbolischen Akten umgesetzt wird. Die folgenden Begriffe sind als ein Vorschlag in dieser Richtung gemeint und nicht als eine abschließende Liste.

Löschen

Eine radikale Technik des Vergessens ist die Löschung einer Spur. Das kann sich auf Texte und Botschaften ebenso beziehen wie auf materielle Relikte. Mit der Löschung einer Spur wird das Fortleben einer Person oder eines Ereignisses im Gedächtnis der Nachwelt ebenso unmöglich wie die Aufdeckung eines Verbrechens. Löschen ist deshalb die radikalste Form, eine Verbindung zwischen Gegenwart und Vergangenheit endgültig zu durchtrennen.

Zudecken

Avishai Margalit unterscheidet zwischen ›Löschen‹ (blotting out) und ›Zudecken‹ (covering up).[11] Während im Falle des Löschens der Akt des Vergessens absolut und unum-

11 Avishai Margalit, *The Ethics of Memory*, Cambridge, Mass.: Harvard University Press, 2002, 208.

kehrbar ist, wird beim Zudecken ein Problem oder inkriminiertes Ereignis lediglich aus der Kommunikation entfernt. Jeder weiß noch, worum es geht, niemand hat es vergessen, aber es hat seine emotionale Aufdringlichkeit verloren, mit der es den Konflikt zwischen Gruppen immer wieder neu entzündet und das Zusammenleben belastet hat.

Verbergen

Sigmund Freud hat den Drang zum Verbergen als einen wichtigen Motor des Vergessens ausgemacht. Er nannte ihn Verdrängung und erläuterte ihn als Bedürfnis, ein schuldhaftes oder schambesetztes Ereignis zu entsorgen. Verbergen führt jedoch nicht zur Auflösung einer belastenden Erinnerung, sondern ähnlich wie das deklarative Leugnen zu ihrer Verfestigung im psychischen Haushalt. In der Kulturgeschichte hat das Verbergen eine ganz andere Bedeutung. Materielle Schätze wie altägyptische Grabbeigaben wurden sorgfältig versteckt mit dem Effekt, dass sie späteren Grabräubern und noch viel späteren Archäologen in die Hände fielen. In der Ben-Esra-Synagoge in Kairo gibt es eine ›Genisa‹ (das Wort heiß so viel wie Versteck, Lager, Depot), wo liturgische Schriften aufbewahrt wurden, die nicht mehr im Kult gebraucht wurden. Neben Torarollen lagerten hier auch zahlreiche profane Schriften in judäoarabischer Sprache, die über Jahrhunderte als bedeutende Zeugnisse der jüdischen Geschichte überdauerten.

Schweigen

Wie beim Zudecken wird beim Schweigen ein belastendes Ereignis nicht gelöscht, sondern nur aus der Kommunikation verbannt. Wenn das Zudecken durch Schweigen den Charakter einer sozialen Verabredung hat, der es den Mitgliedern einer Gruppe ermöglichen soll, wieder zusammenzuleben und miteinander respektvoll umzugehen, handelt es sich dabei um einen beziehungsstiftenden sozialen Akt. Wenn das Schweigen allerdings außerhalb solcher Konventionen aufgrund von Tabus und Traumata erzeugt wird, kann es sich zu einer unbewussten und unkontrollierten Form der Bewahrung und Weitergabe entwickeln. Das Verschwiegene wird dabei gut konserviert in einem Status der Latenz.[12]

Überschreiben

Überschreiben ist eine universale Operation des Vergessens, die bewusst und unbewusst in ganz unterschiedlichen Materialien praktiziert wird. Bereits das Nichtstun setzt Überschreibung in Gang, wenn sich zum Beispiel die Natur historische Schauplätze wie Tempel, Schlachtfelder oder Friedhöfe wieder zurückerobert oder sich im Stadtbild eine neue Bebauung über historische Reste legt. Gezielter vollzieht sich das Umschreiben beim Umbau und umfunktionierenden Wiedergebrauch von Gebäuden, die damit ihre Geschichte verlieren wie zum Beispiel die Synagoge von Czernowitz, die heute als Kino verwendet wird. Ähnlich wie sich in einem Palimpsest, einem wiederverwendeten Pergamentmanuskript, dessen Beschriftung entfernt, überschrieben und nachträglich wiederhergestellt werden kann, historische Schichten erhalten und abzeichnen, halten symbolische Überschreibungen noch etwas von der Grundstruktur des Überschriebenen fest. Beispiele dafür sind die christlichen Kirchen, die an den Orten antiker Tempel erbaut wurden und die kirchlichen Feiertage, die heidnische Feste überschrieben. Die Über-

12 Zum Latenzbegriff vgl. Thomas Khurana, »Das Latente ist keine zukünftige oder vergangene Gegenwart, es ist eine akut gegebene Ungegenwärtigkeit.« In: Thomas Khurana, »Latenzzeit. Unvordenkliche Nachwirkung: Anmerkungen zur Zeitlichkeit der Latenz«, in: Stefanie Diekmann und Thomas Khurana (Hg.), *Latenz. 40 Annäherungen an einen Begriff*, Berlin: Kulturverlag Kadmos, Reihe Kaleidogramme, 2007, S. 143. Vgl. auch S. 28 in diesem Band.

schreibung spielt auch in der politischen Architektur eine wichtige Rolle, wie das Beispiel des Berliner Stadtschlosses zeigt, das nach dem Krieg in der DDR gesprengt wurde, um dem Palast der Republik Platz zu machen, der seinerseits nach 60 Jahren einer Rekonstruktion des Stadtschlosses zum Opfer fiel. In diesem Fall wurden die historischen Schichten abgetragen, aber die Erinnerung ist nicht gelöscht, solange die Geschichte dieses Ortes in der Mitte von Berlin noch weitererzählt wird.

Ignorieren

Durch Ignorieren werden Personen und Dinge aus dem Radius der Aufmerksamkeit ausgeschlossen und dadurch der Beachtung und Achtung entzogen. Die ignorierten Objekte und Personen führen ein Schattendasein, denn »man sieht nur, die im Licht sind, die im Dunkeln sieht man nicht«. Der Entzug von Aufmerksamkeit kann umgehend rückgängig gemacht werden, wenn es sich um Fragen der alltäglichen Wahrnehmung und der Fokussierung handelt. Dann kann das Auge jederzeit umschalten und Gegenstände, wie zum Beispiel ein Denkmal, das durch den routinisierten Blick ›unsichtbar‹ geworden war, aus dem Schattendasein im Hintergrund wieder in den Vordergrund des Interesses zurückholen. Wenn das Ignorieren jedoch in die Strukturen kultureller Wertschätzung eingeschrieben ist und in ihren Institutionen praktiziert und perpetuiert wird, bedarf es einer Umwertung der Werte, bevor zum Beispiel weibliche Künstlerinnen anerkannt und ihre Werke aus der strukturellen Amnesie erlöst und in das Gedächtnis der Gesellschaft aufgenommen werden. Keiner kannte bedeutende Impressionistinnen wie Berthe Morisot, Mary Cassatt, Eva Gonzalès oder Marie Bracquemond, bis ihre Werke 2008 in der Frankfurter Schirn in einer vielbeachteten Ausstellung zu sehen waren.

Neutralisieren

Die Rückstufung der Wertigkeit eines Ereignisses oder einer kulturellen Praxis geschieht durch kognitive Akte wie Marginalisieren, Musealisieren oder Historisieren. In diesem Fall muss sich der Deutungs- und Werterahmen einer Gesellschaft radikal ändern, damit sich eine neue Betrachtungsweise durchsetzen kann. Im deutschen Historikerstreit von 1986 ging es zum Beispiel darum, den Holocaust nicht zu historisieren, was einer Form des Vergessens gleichgekommen wäre. Die neutralisierende Rückstufung bedeutet einen mehr oder weniger abrupten Geltungsverlust. Er führt dazu, dass kanonisierte Personen oder Ereignisse, die eine große Strahlkraft entfalteten und für eine Generation lebenswichtig waren, sowie heilige Symbole, die wichtige Werte verkörperten, ihre tragende Bedeutung in der Gesellschaft verlieren und aus der Mitte des kulturellen Gedächtnisses an die Peripherie rücken. So hat zum Beispiel die Ikone Lenin in post-kommunistischen Ländern nach 1990 ihre Macht über die Menschen verloren.

Leugnen

Leugnen ist das Gegenteil von Neutralisieren. Es ist die hartnäckige Erhaltung eines Ereignisses oder einer Person im Gedächtnis der Gruppe unter der Verwendung eines negativen Vorzeichens. Die Operation des Leugnens erfordert permanente Verlautbarungen und impliziert einen großen Aufwand. Ebenso wenig wie die türkische Regierung den armenischen Genozid können die Holocaust-Leugner den Holocaust vergessen, weil sie ununterbrochen damit beschäftigt sind, ihre Gegner von ihrer Meinung zu überzeugen. Einer von ihnen, der Chemiker Jean-Claude Pressac, suchte nach Evidenz für seine Leugnungsthese und wurde darüber zum ersten Wissenschaftler, der das System der Gaskammern und Krematorien erforschte und bestätigte.

Verlieren
Die primäre Erfahrung des Vergessens stellt sich aus individueller Perspektive als ein Verlust dar. Dinge und Wissensbestände, die bis vor kurzem zugriffsbereit waren und einen wichtigen Teil des eigenen Lebens und der eigenen Erinnerung ausmachten, sind allmählich oder plötzlich irreversibel entzogen. Der Neurowissenschaftler Daniel Schacter nennt dieses Gefühl des Verlierens von Gedächtnissubstanz ›transience‹, was so viel wie Entschwinden, Vorübergehen und Ausbleichen heißt. Der sprichwörtliche Knoten im Taschentuch ist eine verzweifelte Reaktion auf diesen automatischen Sog des Vergessens. Damit sind wir wieder bei der Mnemotechnik, die jedoch anderen Regeln folgt als das Gedächtnis.

Zugangsweise und Vorarbeiten

Wie die Zeit an materiellen Substanzen, so nagt das Vergessen an Wissensbeständen, die es durchlöchert, dezimiert und gänzlich zum Verschwinden bringt. Wir haben keinen Sinn für die Zeit, die wir zwar messen, aber nicht direkt beobachten können. Auch das Vergessen entzieht sich unserer Wahrnehmung. Eine Studie über Vergessen ist deshalb mit einem methodischen Problem konfrontiert: wie kann man diese negative Energie in Evidenz umsetzen und das, was sich dem Bewusstsein und der Aufmerksamkeit entzieht, beobachten und beschreiben? Es gibt durchaus Zugänge zum Vergessen. Solange es nicht ganz vollständig ist und sich noch in einem Mischverhältnis mit Erinnertem befindet, kann es in Spuren, Prozessen und Strategien nachgewiesen werden. Dem Vergessen als einer Tätigkeit und einem Prozess kann man sich am besten von zwei Seiten aus annähern: Man kann beobachten, wie etwas gerade im Vergessen versinkt und wie es aus dem Vergessen wieder zurückkehrt. Solche Übergangsphasen sind historisch bedeutsam und werden als schmerzlich oder glückhaft empfunden, weil sich in ihnen unser Verhältnis zur Vergangenheit, zu unserem Wissen und zu unseren Mitmenschen manifestiert und neu justiert wird.

Individuelles und kollektives Vergessen funktioniert wie ein Konturstift; es grundiert das Selbstbild und formt die Biographie. Was wir gemeinsam vergessen haben und was wir vergessen wollen, bildet deshalb, wie schon Ernest Renan wusste, die Grundlage nationaler Identität.[13] In diesem Buch sollen die sozialen, kulturellen und politischen Kontexte rekonstruiert werden, in denen sich Vergessen vollzieht. In einem ersten Überblick werden sieben Formen des Vergessens vorgestellt, die das breite Spektrum der Motive, Begleitumstände und Tätigkeiten beleuchten, in denen etwas ins Vergessen versenkt oder aus dem Vergessen wieder hervorgeholt wird. Vergessen hat je nach den Begleitumständen eine negative und eine positive Seite. Es wird als Schaden und Verlust, als Fluch und Segen wahrgenommen, je nachdem, in welchem Zusammenhang es ins Spiel kommt. Wenn es Wichtiges und Wertvolles angreift und zerstört, ist es ein Fluch, wenn es Komplexität reduziert und von dunklen Seiten abschirmt, wird es als Segen erfahren. Vergessen bleibt mit dem Bild des Flaschenhalses verbunden. Es vermindert und verknappt, dadurch macht es das, was übrig bleibt, allererst kostbar und bedeutungsvoll.

Bei dieser Untersuchung der Dynamik von Erinnern und Vergessen in sozialen und politischen Kontexten kann ich mich auf wichtige Vorarbeiten stützen. Dazu gehören Mario Erdheims ethnopsychoanalytische und Lyotards psychohistorische Studien, die die gesellschaftliche und

13 Ernest Renan, »Was ist eine Nation?«, Vortrag, gehalten an der Sorbonne am 11. März 1882, in: *Was ist eine Nation? und andere politische Schriften*, Wien, Bozen 1995, 3.

kulturelle Produktion von Unbewusstheit untersuchten.[14] Von einer anderen Seite machte Umberto Eco 1988 mit einem Essay einen pfiffigen Vorstoß.[15] Er fragte, ob es wohl parallel zur Erinnerungskunst auch so etwas wie eine Kunst des Vergessens geben könne. Kaum, dass er sie gestellt hat, hat er seine Frage auch schon selbst abschließend beantwortet. Nein, ein solches Projekt sei undenkbar, denn es handele sich dabei um einen performativen Widerspruch: Das, worauf ein erhöhtes Maß an Aufmerksamkeit gelenkt wird, könne nicht gleichzeitig aus unserem Bewusstsein verschwinden. Harald Weinrich hat sich von diesem Essay jedoch nicht abschrecken lassen und ein Jahrzehnt nach Eco ein wunderbares Buch mit dem Titel *Lethe* veröffentlicht. In Antwort auf Eco nannte er sein Buch im Untertitel *Kunst und Kritik des Vergessens*. Darin hat er aus dem Fundus seiner Bildung literarische Texte aus verschiedenen Jahrhunderten vorgestellt, die das Vergessen zum Gegenstand der Reflexion machen. Dabei konnte er zeigen, dass es nicht nur einen reichhaltigen historischen Diskurs zu diesem Thema, sondern auch handfeste kulturelle Praktiken des Vergessens gibt.[16]

Seit der Millenniumswende liegen zwei weitere interessante Ansätze zur Typologisierung des Vergessens vor. Der eine stammt von dem Harvarder Neuowissenschaftler Daniel Schacter (2001), der andere von dem Sozialanthropologen Paul Connerton (2008). Überraschenderweise haben beide unabhängig voneinander ihre Ergebnisse

14 Mario Erdheim, *Die gesellschaftliche Produktion von Unbewußtheit – Eine Einführung in den ethnopsychoanalytischen Prozeß*, Frankfurt a.M.: Suhrkamp, 1984; François Lyotard, *›Heidegger‹ und ›Die Juden‹*, hg. von Peter Engelmann), Wien: Passagen Verlag, 2005.

15 Umberto Eco, »An Ars oblivionalis? Forget it!«. In: *PMLA*, 103, No.3, (1988), 254-261.

16 Harald Weinrich, Lethe. Kunst und Kritik des Vergessens, München 1998.

in eine ähnliche Form gebracht. Ihre Aufsätze lauten: ›The Seven Sins of Memory‹ bzw. ›Seven Types of Forgetting‹.[17] Die Mnemotechnik lehrt uns, dass man sich sieben Gegenstände oder Stichworte besonders gut merken kann. Auch wenn es um das Vergessen geht, bedienen wir uns gern ihrer Regeln. Deshalb werde auch ich mich an diese heilige Zahl halten und sieben Formen des Vergessens vorstellen. Ich revidiere und erweitere dabei die bestehenden Kategorien in der Hoffnung, dass mit meiner Umschreibung nicht nur eine weitere Taxonomie des Vergessens entsteht, sondern auch die strukturellen Zusammenhänge und Spannungen zwischen diesen Formen deutlicher in Erscheinung treten.

17 Daniel L. Schacter, *Seven Sins of Memory. How the Mind Forgets and Remembers*, Boston: Houghton Mifflin, 2001; Paul Connerton, Seven Types of Forgetting, *Memory Studies*, 1 (1) (2008), 59-71.

Sieben Formen des Vergessens

1. Automatisches Vergessen – materiell, biologisch, technisch

Ich beginne mit einer grundlegenden Asymmetrie: Nicht Erinnern, sondern Vergessen ist der Grundmodus menschlichen und gesellschaftlichen Lebens. Erinnern ist die Negation des Vergessens und bedeutet in aller Regel eine Anstrengung, eine Auflehnung, ein Veto gegen die Zeit und den Lauf der Dinge. Wie im Körper eines Organismus die Zellen, so werden in der Gesellschaft Objekte, Ideen und Individuen periodisch ausgetauscht. Dieser schleichende Wandel gilt als selbstverständlich und natürlich, er versetzt niemanden in Alarmbereitschaft. Nicht das Erinnern, sondern das Vergessen ist also der Normalfall in Kultur und Gesellschaft. Vergessen geschieht lautlos, unspektakulär und allüberall, Erinnern ist demgegenüber die unwahrscheinliche Ausnahme, die auf bestimmten Voraussetzungen beruht.

Hier ein Beispiel für den Normalfall des Vergessens, der sich aus der Perspektive der betroffenen Individuen oft als ein tiefer und schmerzlicher Einschnitt darstellt. Ich beziehe mich dabei auf eine E-Mail, die mich in den ersten Januartagen 2010 erreichte:

> »Leider mussten Paul und ich die Familie gleich nach dem Weihnachtstag alleine in Berlin lassen, weil mein Patenonkel, der letzte Verwandte meiner älteren Generation, am 23. Dezember starb. Er lebte alleine in dem großen Haus seiner Großeltern, hatte seit Jahrzehnten niemanden, außer ein-, zweimal im Jahr mich, in sein Haus gelassen; hatte auf zwei Etagen seine chemi-

schen Versuche fortgeführt und alles, ALLES an Briefen etc. (Briefe der ausgewanderten Familie im 19. Jh., der gefallenen Geschwister im 2. Weltkrieg, Gasmaskenausrüstungen aus dem ersten Weltkrieg, Reklame, Original Klepperboote, Eingemachtes in den Kellern von vor Jahrzehnten …) aufbewahrt. Also, Paul und ich mussten, um überhaupt durch einige Zimmer durchgehen zu können, die Briefe, Bücher, Zeitschriften stapelten sich bis zur Decke, schließlich einen riesigen Container füllen. – Und trotzdem war es unmöglich, so grundsätzliche Dokumente wie ein Familienbuch zu finden. Ein Großteil der Erinnerung, das wagt man Dir ja gar nicht zu erzählen, liegt nun in diesem Container – Ich träume davon.«

Von allem, was zwischen Menschen erfahren, kommuniziert und produziert wird, ist es stets nur ein verschwindend kleiner Anteil, der tatsächlich von einem gelebten Leben übrig bleibt und weitergereicht wird. Ein Foto, eine Brosche oder ein Möbelstück, ein Sprichwort, ein Rezept, eine Anekdote, das ist – wenn es hoch kommt – alles, was bei den Enkeln oder Urenkeln noch von dem einst prall gefüllten Leben ihrer Großeltern ankommt. In Familien, die ausgebombt wurden, die geflohen und ausgewandert oder oft umgezogen sind, sammeln sich kaum materielle Rückstände an. Auch für die Rückstände eines Lebens, die in Kellern oder auf Dachböden noch einige Zeit überdauern, schlägt früher oder später die Stunde des Containers. Die Vernichtung von Hinterlassenschaften bei Haushaltsauflösungen, Umbauten oder Abriss mag für einzelne Menschen mühsam und schmerzlich sein, aus der Perspektive der Gesellschaft dagegen, die von diesen alltäglichen Vorgängen keinerlei Notiz nimmt, geschieht sie lautlos und automatisch.

Bei diesem lautlosen Vergessen spielen zwei Faktoren zusammen: soziales Vergessen und materielle Entsorgung. Beim *sozialen Vergessen* im Biorhythmus der Generationen werden die Erfahrungen der älteren Generation regelmäßig entwertet und durch neue ersetzt werden. Jede neue Generation ist bestrebt, sich mit ihren eigenen Erinnerungen, ihrer Agenda und ihren Projekten von der vorangehenden Generation ab- und gegen sie durchzusetzen. Die *materielle Entsorgung* beruht auf immer schnelleren Zyklen von Produkt-Serien. Die technischen Gegenstände, die uns umgeben, müssen zu Lebzeiten wiederholt ersetzt werden. Dieses Ersetzungs- und Überholungsprinzip ist ein konstitutiver Teil der wissenschaftlich-technischen Evolution und des damit verbundenen Konsumverhaltens. Die Forcierung des Generationenbruchs und die Beschleunigung der Warenproduktion sind also keine naturgegebenen Universalien, sondern zentrale Elemente des kulturellen Programms der Modernisierung in westlichen Gesellschaften. In dieser Sicht gelten Zerstörung und Vergessen als ein wichtiger Motor des Fortschritts. Diese Modernisierungsdynamik von Erneuern und Veralten, von Innovation und Obsoleszenz hat bereits Mitte des 19. Jahrhunderts im Aufschwung der industriellen Revolution der amerikanische Philosoph Ralph Waldo Emerson sehr genau beschrieben:

> »Neue Techniken zerstören die alten. Man denke nur an die Investition von Kapital in Aquädukte, die von der Hydraulik überholt wurden, an Festungen, die durch Schießpulver, an Straßen und Kanäle, die durch die Eisenbahn überflüssig wurden, sowie an die Segel, die erst durch Dampf und dann durch Elektrizität ersetzt wurden.«[18]

18 Ralph Waldo Emerson, »Circles«, in: *Selected Writings*, hg. v. William H. Gilman, New York, London 1965, 295-306; 296.

Für Emerson war Vergessen aber nicht nur ein Motor technischer Erfindungen und Erneuerung, sondern auch eine wichtige kulturelle Strategie. Um kulturell innovativ und geistig selbständig zu werden, so schrieb er, müsse man vieles loswerden und entsorgen in der »unausweichlichen Grube, die die Schöpfung des neuen Denkens für alles Alte öffnet«.[19] Emerson hatte damals gute Gründe für dieses Programm. Zum einen schrieb er Mitte des 19. Jahrhunderts auf dem Höhepunkt der industriellen Revolution und des massiven technischen Wandels, der die Lebenswelten veränderte, zum anderen war er auf der Suche nach einer neuen Identität, mit der sich die US-Amerikaner von der kulturellen Hegemonie Europas abgrenzen konnten. Mit seinen Schriften, die heute als eine ›kulturelle Unabhängigkeitserklärung‹ der Vereinigten Staaten gelesen werden, begründete Emerson ein neues amerikanisches Selbstbild. Diese Neudefinition kam nicht ohne polemische Abgrenzung aus: Emerson konstruierte ein ›altes‹ Europa, gebeugt unter der Bürde seiner Traditionen und der Last der Geschichte, dem er die ›junge Nation‹ der USA mit ihrer verheißungsvollen Zukunft gegenüberstellte. Vor diesem kulturpolitischen Hintergrund wurde Emerson zu einem Anwalt von Evolution, Fortschritt und Modernisierung und machte sich damit zu einem leidenschaftlichen Fürsprecher des Vergessens. Für Nietzsche ist dieser amerikanische Philosoph, der sich selbst als einen »unentwegten Sucher ohne Vergangenheit« (an endless seeker with no past at my back) bezeichnete, zu einem Vorbild für

19 Vgl. dazu auch: Paul Connerton, *How Modernity Forgets*, Cambridge: University Press, 2009 und Aleida Assmann, *Ist die Zeit aus den Fugen? Aufstieg und Fall des Zeitregimes der Moderne*, München: Hanser, 2013.

eine kritische Haltung im Umgang mit der Vergangenheit geworden.[20]

Diese Haltung hatte Überzeugungskraft, solange die Zukunft noch mit dem Versprechen eines unerschöpflichen Fortschritts verbunden war. Vor dem Hintergrund eines wachsenden Bewusstseins der Grenzen natürlicher Ressourcen hat sich gegen Ende des 20. Jahrhunderts eine Recycling-Mentalität entwickelt, die ihr Heil nicht mehr im Vergessen und Wegwerfen suchte, sondern in der Bearbeitung und Wiederverwendung von Produkten fand, die zum verlängerten Verbrauch hergerichtet und zum Rohstoff für neue Artefakte wurden. »Wegwerfen war gestern – weitergeben, reparieren, ändern ist heute!« Diesen Satz kann man auf einem Schild im Schaufenster eines Kreuzberger Ladens in Berlin lesen. Recycling steht grundsätzlich für eine Verlangsamung des Stroms des materiellen und kulturellen Vergessens und für eine neue Wertschätzung des Alten im Rahmen eines neuen ökologischen Bewusstseins, das auch in künstlerischen Verfahren der Umschreibung zur Geltung kam, in denen das Alte markiert und zu einem gut erkennbaren Bestandteil des Neuen wurde.

Die Grenzen des automatischen Vergessens zeigen sich besonders deutlich, wo wir es mit einer traumatischen Vergangenheit zu tun haben. Als ein Beispiel dafür möchte ich ein Gedicht des amerikanischen Dichters Carl Sandberg zitieren, der 1918 ein Gedicht über die großen Schlachtfelder des 19. und 20. Jahrhunderts geschrieben hat – und zwar aus der Perspektive des Grases:[21]

20 Emerson, Circles, 304.

21 Carl Sandburg, Grass, in: Luis Untermeyer (ed.), *Modern American Poetry*, New York (1919), 205. Die ›Botschaft‹ dieses Gedichts könnte man mit einer berühmten Sentenz von George Santayana zusammenfassen: »Wer sich nicht an die Vergangenheit erinnert ist dazu verdammt, sie zu wiederholen«.

Pile the bodies high at Austerlitz and Waterloo.
Shovel them under and let me work –

I am the grass; I cover all.

And pile them high at Gettysburg
And pile them high at Ypres and Verdun.
Shovel them under and let me work.
Two years, ten years, and passengers ask the conductor:

What place is this?
Where are we now?
I am the grass. Let me work.

Das buchstäbliche ›Gras des Vergessens‹ ist ein anschauliches Bild für den unaufhaltsamen Fluss der Zeit. Die Zeit kann ein Vergessen bringen, das Schmerz lindert und Wunden heilt. In Sandburgs Gedicht erscheint die selbsttätige Rückverwandlung von Geschichte in Natur auf den großen Schlachtfeldern des 19. und 20. Jahrhunderts allerdings als problematisch, weil sie zum einen eine Indifferenz gegenüber unermesslichem menschlichen Leid einschließt und zum anderen die Möglichkeit ausschließt, Lehren aus der Geschichte zu ziehen. Das Gras, das wächst, wo es will, konfrontiert den Leser also mit einer Reihe grundsätzlicher Fragen. Denn anders als das Gras haben Menschen die Möglichkeit, zwischen Vergessen und Erinnern zu wählen, womit zugleich die Notwendigkeit ethischer Entscheidungen gegeben ist.

Das zeigt auch eine Passage aus W.G.Sebalds Roman *Austerlitz,* in der der Erzähler darüber reflektiert, »wie wenig wir festhalten können, was alles und wie viel ständig in Vergessenheit gerät, mit jedem ausgelöschten Leben, wie die Welt sich sozusagen von selber ausleert, indem die Geschichten, die an ungezählten Orten und Gegenständen haften, von niemandem je gehört, aufgezeichnet oder weitererzählt werden […].«[22] Auf den ersten Blick betrachtet beschreibt Sebald hier den üblichen Gang der Dinge. Vergessen ist unaufhaltsam und der Normalfall in Kultur und Gesellschaft. Auf den zweiten Blick jedoch erweist sich das, was Sebald hier beschreibt, als ein moralisches Skandalon. Sein Erzähler befindet sich nämlich an traumatischen Orten der deutschen Geschichte, an den ehemaligen Festungen Breendonk und Theresienstadt (Terezín), die die Nationalsozialisten in Orte des Schreckens verwandelt haben. Alles ändert sich, wenn nicht der natürliche Tod, sondern Folter und die massenhafte Ermordung ziviler Opfer zwischen uns und der Vergangenheit stehen. Deshalb macht sich der Erzähler, den Sebald mit autobiographischen Zügen ausgestattet hat, auf die ›Suche nach der verlorenen Vergangenheit‹, um die Schmerzensspuren der traumatischen Geschichte zu entziffern. Diese Suche richtet sich nicht nur gegen das Entrücken und Verblassen in der Zeitdimension, sondern auch gegen das von den Tätern organisierte Verleugnen, Verbergen und Vergessen, das in dem Roman Schritt für Schritt durchbrochen wird, damit zumindest noch einige der Geschichten, die an ungezählten Orten und Gegenständen haften, wieder freigelegt, angehört und weitererzählt werden.

2. Verwahrensvergessen – der Eintritt ins Archiv

Wenden wir uns einmal dem unwahrscheinlichen Fall zu, dass etwas aus dem Strom des automatischen Vergessens geborgen wird. Sammler und Trödler sind Agenten des Aufschubs; sie verschaffen bestimmten Objekten Schutz vor dem Zerfall und eine geringe Existenzverlängerung durch Aufnahme in ihre Bestände. Eine wirkliche Chance

22 W.G.Sebald, *Austerlitz*, München 2001, S. 35.

der Existenzverlängerung gewinnen Dinge jedoch erst dann, wenn sie unter das schützende Dach jener Institutionen gelangen, die einen gesellschaftlichen Auftrag für Bestandserhaltung haben wie Archive, Bibliotheken oder Museen.

Wie bereits auf der Übersicht auf S. 20 angedeutet, müssen wir hier zwischen zwei Dimensionen des kulturellen Gedächtnisses unterscheiden. In schriftverwendenden Kulturen tut sich nämlich eine Schere auf zwischen dem ablegenden Speichern und dem aktiven Erinnern. Diese führt zu einer institutionellen Differenzierung in zwei Bereiche, die ich ›Kanon‹ und ›Archiv‹ nenne. Der *Kanon* ist das Funktionsgedächtnis einer Gesellschaft, das dazu bestimmt ist, in jeder Generation neu angeeignet zu werden. In diesem Kanon werden einem Werk, einer Person oder einem historischen Ereignis ein besonderer Wert und eine orientierende Bedeutung für die Zukunft zugesprochen. Kanonisierung ist aufwendig, denn sie bindet Kräfte und mündet in eine Selbstverpflichtung: Das wollen wir nicht vergessen, diese Leistungen, Ereignisse, Taten oder Untaten sollen nicht vergehen, sondern ein fester Bestandteil unseres kulturellen Selbstverständnisses und unserer Zukunftsorientierung bleiben. Zur Reaktivierung dieses gemeinsamen Gedächtnisses leisten Medien, Politik, Museen und Jahrestage ihren Beitrag. Eine Gruppe schafft sich auf diese Weise ein gemeinsames Gedächtnis, das das kollektive Selbstbild in der Vergangenheit verankert und Orientierung für die Zukunft ermöglicht.

Ins Speichergedächtnis des *Archivs* dagegen gehen diejenigen Spuren und Reste der Vergangenheit ein, die nicht Teil einer aktiven Erinnerungskultur sind. Historische Archive sind nicht älter als die französische Revolution und somit eine wichtige Errungenschaft westlicher Demokratien. Was hier aufbewahrt und vorgehalten wird, geht weit über den Radius dessen, was aktuell gebraucht wird oder identitätsrelevant ist, hinaus. Es ist das Merkmal westlicher Demokratien, dass sie sich Institutionen wie Universitäten mit geisteswissenschaftlichen Fakultäten, historische Archive, Bibliotheken und Museen leisten. Das Schweizerische Landesmuseum Zürich, das Alltagsgegenstände aufbewahrt, enthält zum Beispiel nicht weniger als 150 Betten aus verschiedenen Jahrhunderten. Flachware wie Dokumente, Briefe und Manuskripte werden in Landes-, Stadt- und Staats-Archiven gesammelt, die neben Nachlässen inzwischen auch vermehrt ›Vorlässe‹ von Schriftstellern und Künstlern aufnehmen. Was hier gesammelt und aufbewahrt wird, hat wie die Kunst generell keinen primären Nutzen für die Gesellschaft, sondern ist Stoff für die historische Neugier und dient damit der Selbstverortung des Menschen in der Geschichte. Bibliotheken und Archive sichern die Quellenbasis der historischen Geisteswissenschaften und bilden einen wichtigen Fundus für die Arbeiten von Schriftstellern, Künstlern und Filmemachern. Damit erfüllen sie eine ganz wichtige Aufgabe, denn sie bilden die Voraussetzung für das, was in Zukunft noch über eine Gegenwart gesagt werden kann, wenn diese zur Vergangenheit geworden sein wird. Die Daten, die das Archiv vorhält, müssen von Wissenschaftlern und Künstlern in Informationen, Wissen und Erinnerung verwandelt werden. Die Materialien existieren im kulturellen Archiv im Status der Latenz zwischen einem Nicht-mehr und einem Noch-nicht. Sie existieren im Wartesaal der Geschichte, denn sie warten auf ihre Wiedererweckung in Form von Auswahl, Aufmerksamkeit, Deutung, Bewertung, Sinn. Dieses Aufbewahren von Dingen und Informationen, die nicht mehr Teil eines aktiven Gebrauchs sind, nenne ich mit F.G.Jünger ›Verwahrensvergessen‹.[23]

23 Friedrich Georg Jünger, *Gedächtnis und Erinnerung*, Frankfurt a.M. 1957, 16-17.

Einige wenige Dinge werden also dem Mahlstrom des Vergessens entzogen und finden einen Parkplatz unter dem Dach schützender Institutionen, deren Aufgabe die Bestandswahrung ist. Nehmen wir das Beispiel des Konstanzer Dichters Wilhelm von Scholz (1874-1969). Ihm blieb nach seinem Tode das Schicksal des Müllcontainers erspart. Sein Familienanwesen am malerischen Ufer des Bodensees wurde erhalten, die Möbel stehen noch an Ort und Stelle, sein Nachlass kam ins Literaturarchiv Marbach und ins Stadtarchiv Konstanz. Den Zenit seines Ruhms erlebte der Dichter, dessen Dramen Anfang des Jahrhunderts auf vielen Bühnen der Welt gespielt wurden, im Jahre 1924, als die Stadt Konstanz seinen 50. Geburtstag eine Woche lang mit der Aufführung seiner Theaterstücke und anderen Festveranstaltungen feierte. Ein weiteres Geschenk der Stadt bestand darin, dass der kleine Weg vor seiner Villa in ›Wilhelm-von-Scholz-Weg‹ umbenannt wurde. Gleichwohl handelt es sich bei von Scholz um einen heute gänzlich vergessenen Dichter. Obwohl er nach dem Krieg noch eine Reihe von Ehrungen erhielt, hat von Scholz dieses Abgleiten vom einstigen Hochplateau seines Ruhmes ins Abseits des Vergessens schon zu Lebzeiten zu spüren bekommen.

Der Bestseller von Scholz mit den hohen Auflagen seiner Bücher und vielgespielten Theaterstücken wurde nicht zum Longseller. Er wurde nicht, womit er selbst fest gerechnet hatte, in den Kanon der deutschen Klassiker aufgenommen. »Jedes Werk«, so schrieb er und schloss das eigene mit ein – »muss ein Dunkel des Verkanntseins durchschreiten, ehe es zu dauernder Gültigkeit gelangt.«[24] Dieses Gesetz hat sich für ihn jedoch nicht bewahrheitet; statt eines come

24 Wilhelm von Scholz, *Irrtum und Wahrheit. Neue Aphorismen*, Gütersloh: Bertelsmann,1950, 74.

back aus dem Dunkel des Verkanntseins ist er aus dem Radar der Bildungsinstitutionen und des öffentlichen Interesses gänzlich verschwunden. Sein Werk wurde bei der engen Auswahl der bildungspolitischen Kanonisierung, die sich in Lehrplänen der Schulen, Curricula der Universitäten und Spielplänen der Theater niederschlägt, zusammen mit den meisten anderen Autoren seiner Generation übergangen. Auch das ist Teil der literaturgeschichtlichen Normalität: Nur eine winzig kleine Anzahl schafft letztendlich den Sprung ins Pantheon der großen Künstler, deren Werke heiliggesprochen und mit dem Gütesiegel andauernder Haltbarkeit ausgezeichnet werden.

Auch wenn vor dem Tribunal der Nachwelt die literarische Bedeutung eines Künstlers eindeutig erloschen ist, besiegelt das aber noch lange nicht sein endgültiges und vollständiges Vergessen. Zwischen dem aktiven Erinnern und dem vollständigen Vergessen gibt es noch eine Zwischenstufe: das ›Verwahrensvergessen‹, das ich mit der Existenzform im Archiv gleichsetze. Das gilt auch für Person und Werk des Dichters Wilhelm von Scholz. Nachdem aus dem Archiv ein Huldigungs-Gedicht von Wilhelm von Scholz an Hitler aufgetaucht ist und im Stadtrat zirkulierte, wurden Schritte einer aktiven Politik des Vergessens erwogen. Der Versuch, seine imposante Grablege zu schleifen, scheiterte am Einspruch des Denkmalschutzes. Stattdessen wurde der ›Wilhelm-von-Scholz-Weg‹ in ›Therme-Weg‹ umbenannt. Gleichzeitig wurde das Stück *Der Jude aus Konstanz* (1905), das selbst aus Quellen des Konstanzer Stadt-Archivs entstanden war, vom Stadttheater wiederentdeckt und aufgeführt. »Das Theater Konstanz holt das Trauerspiel ›Der Jude von Konstanz‹ von Wilhelm von Scholz aus dem Archiv« titelte der Südkurier am 10.3.2013. Das Buch gab es schon lange nicht mehr im Handel; nur in der Universitätsbibliothek gab es noch ein Exemplar dieses

Textes. Die Inszenierung von Stefan Otteni, von der Ausschnitte im Internet zu sehen sind, hat es auf der Liste der besten Aufführungen des Jahres 2013 unter die ersten 50 geschafft. Die *Badische Zeitung* (Bettina Schulte, 12.6.2013) bestätigte »nicht nur die Spielbarkeit, sondern auch die Aktualität des Stücks«. Regisseur, Schauspieler und Bühnenbildner hätten »das Stück großartig wiederbelebt«. Den Dichter hätten sie aber »damit nicht rehabilitiert«.

Die Dynamik des kulturellen Gedächtnisses beruht auf dem Austausch zwischen den beiden Institutionen Kanon und Archiv. Die Archiv-Materialien befinden sich sozusagen in einem Purgatorium zwischen dem Inferno des Vergessens und dem Paradiso des Erinnerns. Sie existieren in einem Zustand der Latenz, einem Wartezustand zwischen den Zeiten; sie warten darauf, dass Spezialisten, Journalisten oder Künstler kommen, die in diesem Fundus Ausgrabungen machen, etwas entdecken und es ins allgemeine Bewusstsein zurückholen. Das tun sie, indem sie es in einen neuen Kontext stellen und für die Gegenwart mit neuer Bedeutung aufladen. Nicht nur Künstler, auch die historischen Geisteswissenschaften insgesamt sind gefordert in der Aktualisierung von Archivgut. Sie sind Arbeiter im Weinberg des kulturellen Gedächtnisses; ihre gesellschaftliche Aufgabe ist es, die scheintoten Quellen zu neuem Leben zu erwecken, indem sie neue Fragen stellen und zeigen, dass die Quellen darauf wichtige Antworten geben können.

Bekanntlich hat Nietzsche heftig gegen die rapide anwachsenden Speicher historischen Wissens polemisiert und sie als eine gefährliche Last der Gesellschaft und des Einzelnen verurteilt. In jeder Kultur gibt es jedoch Sortierungs- und Orientierungsvorschläge, die helfen, Wichtiges von Unwichtigem zu unterscheiden. Was im Kanon keinen Platz findet, hat noch eine Chance im Archiv, aber auch diese Bestände werden periodisch ›kassiert‹. Die Kassation, so ist im gleichnamigen Wikipedia-Artikel zu lesen, »ist die verantwortungsvollste archivische Aufgabe, denn was einmal kassiert wurde, ist endgültig verloren. Das heißt, Fehlentscheidungen können nicht korrigiert werden.«

In der modernen Informationsgesellschaft wird die Überlast an Daten allerdings weniger durch Löschungsoperationen als durch die permanente Erweiterung von Speicherkapazität bewältigt, was jeder an seinem eigenen Umgang mit digitalen Endgeräten wie PCs, Tablets und Smartphones beobachten kann. Eine weitere effektive Strategie gegen die Überlast von Information sind die neuen Suchmaschinen und ihre Algorithmen, die die Daten sortieren, durchsuchen und hierarchisieren. Das Problem des Orientierungsverlusts durch Informations- und Wissenszuwachs kann letztlich nur durch Auswahlkriterien gelöst werden, die es erlauben, das jeweils Relevante vom Irrelevanten zu trennen. In westlichen Demokratien sind die Bürger angehalten, diese Kriterien weitgehend selbständig für sich zu entwickeln.

3. Selektives Vergessen – Fokussierung und die Bedeutung von Gedächtnisrahmen

Während sich im digitalen Zeitalter mit der Entwicklung immer kleinerer Chips der technische Speicherplatz jährlich annähernd verdoppelt, müssen unsere Gehirne auf der beschränkten Basis ihrer biologischen Infrastruktur weiterarbeiten. Aus diesem Grund müssen wir hier zwischen Speichern und Erinnern unterscheiden. *Speichern* können zwar auch Menschen, wenn es um reine Merkfähigkeit, Auswendiglernen und Mnemotechniken geht, aber es ist die Spezialität technischer Apparate. *Erinnern* können dagegen nur Menschen. Bei der Informationsverarbeitung und der Befestigung von Einträgen in unserem Gedächtnis sind wir mit dem grundsätzlichen Problem des Platzmangels konfrontiert. Das Vergessen, wie es das barocke Emblem mit dem engen Flaschenhals dargestellt hat, sollte einen Missstand anzeigen und darauf aufmerksam machen, dass für dieses Problem Abhilfe geschaffen werden könnte durch die gedächtniserweiternde Kunst der Mnemotechnik. Dieses Sinnbild lässt sich jedoch auch gegen den Strich lesen als eine Affirmation des Vergessens. Dann lautet seine Botschaft: Vergessen ist heilsam, denn es reduziert überschüssige Information. Tatsächlich ist das Gedächtnis dringend angewiesen auf den Filter des Vergessens, der aus der Fülle der Wahrnehmungen, die unser Gehirn durch die Sinneskanäle aufnimmt, nur weniges aufnimmt und damit allererst die Voraussetzungen für Perspektive, Relevanz, Identität und damit auch für das Erinnern schafft. Der Satz aus der antiken Mnemotechnik: »Der größte Teil geht verloren« ist also nicht nur als ein Mangel oder gar Fluch zu verstehen, sondern auch als ein Segen. Für die Dynamik des selektiven Vergessens hat bereits Francis Bacon ein prägnantes Bild gefunden: »Wer das Licht in die Ecke trägt, verdunkelt den Rest des Raumes.«[25]

Vergessen ist mit seinen Formen des Übersehens, Ausblendens, Ignorierens ein immanenter Bestandteil des Erinnerns, denn die Leerstellen des Vergessens sind konstitutiv für die Organisation jedes Gedächtnisses. Deshalb ist die Produktion von Nichtwissen, Verlust und Vergessenem unter dem Stichwort ›Agnotologie‹ inzwischen zu einem neuen Forschungsfeld geworden. Auf Ignoranz kann man sich offenbar nicht mehr so einfach verlassen; sie muss gerade auch unter den Bedingungen von Big Data neu hergestellt, erhalten und deshalb in ihrer Funktion eines

25 »When you carry the light into one corner, you darken the rest.« Francis Bacon, The Advancement of Learning and New Atlantis, London: Oxford University Press, 1974, 33.

kulturpolitischen Auswahlmechanismus neu erforscht werden.[26]

Damit stellt sich die grundsätzliche Frage nach der Ökonomie des Gedächtnisses und seinen Selektionskriterien. Wie, wo und durch wen werden diese Weichen gestellt? Was wird jeweils aus- und was wird eingeschlossen? Nietzsche hat sich für diese Frage von einem kognitiven und einem moralischen Standpunkt aus interessiert. Im ersten Fall ging es ihm darum, das Gedächtnis unter die Kontrolle des Willens zu bringen. »Die Heiterkeit, das gute Gewissen, die frohe Tat, das Vertrauen auf das Kommende – alles das hängt, bei dem einzelnen wie bei dem Volke, davon ab, dass es eine Linie gibt, die das Übersehbare, Helle von dem Unaufhellbaren und Dunklen scheidet.«[27] Diese Fähigkeit sprach er einem starken, männlichen Geist zu. Ähnlich sah es auch Bergson: »Der Mann der Tat zeichnet sich durch seine Fähigkeit aus, wichtige Erinnerungen aufrufen zu können, indem er in seinem Bewusstsein eine Barriere errichtet, die ihn vor der Masse seiner unzusammenhängenden Erinnerungen schützt.«[28] Kognitionspsychologen und Neurowissenschaftler sprechen heute von der ›executive function‹. Darunter verstehen sie die Fähigkeit des Bewusstseins, die Aufmerksamkeit von irrelevanten Assoziationen abzuziehen und den Fokus ausschließlich auf relevante Informationen und Handlungen auszurichten.[29]

26 R.N.Proctor und L. Schiebinger, Hg., *Agnotology. The making and unmaking of Ignorance.* Palo Alto: Stanford University Press, 2008. Albrecht Koschorke hat einen ähnlichen Schwerpunkt an der Universität Konstanz aufgebaut; vgl. Journal der Universität Konstanz *UniKon* 45 (2012).

27 Nietzsche, »Vom Nutzen und Nachteil der Historie für das Leben«. *Werke in drei Bänden*, hg. v. Karl Schlechta, München 1962, Band 1, 214.

28 Henry Bergson, *Matière et Mémoire*, Paris 1896, 166.

29 D.A.Norman, T. Shallice (2000), »Attention to action: Willed and automatic control of behaviour«, in: M.S.Gazzaniga, Hg., *Cognitive neuroscience: a reader*, Oxford: Blackwell, 2000.

Nietzsche hat uns allerdings auch daran erinnert, dass die kognitive und die moralische Dimension nicht immer leicht zu trennen sind, weil ein starkes Bedürfnis besteht, das Gedächtnis mit dem eigenen Selbstbild in Einklang zu bringen. Das hat er uns in einem kleinen Aphorismus gelehrt:

»Das habe ich getan, sagt mein Gedächtnis.
Das kann ich nicht getan haben sagt mein Stolz.
Endlich gibt das Gedächtnis nach.«[30]

Wenn es gilt, das Gesicht zu wahren, kommt das Vergessen dem Stolz zu Hilfe, der unbedingt das positive Selbstbild erhalten möchte. Nietzsche hätte aus dieser Einsicht eine Theorie des Vergessens als Verdrängen entwickeln können. Das tat er jedoch nicht, weil er im Gegensatz zu Freud zu einem Befürworter des Vergessens wurde. Vergessen war für ihn notwendig, um für den Handelnden starke Motivationen wie Mut und Tatkraft aufrechtzuerhalten.

Wie Nietzsche hat auch Hannah Arendt das Thema des Handelns mit Fragen des Vergessens verbunden. Auch für sie gibt es kein Handeln ohne Vergessen, allerdings bestimmte sie die Rahmenbedingungen signifikant anders, als es Nietzsche getan hat. Sie geht nicht von einem Handelnden aus, der sich blind macht für die Perspektiven der anderen und unempfindlich für die Folgen seines Tuns, sondern umgekehrt von dem Problem der unabsehbaren Konsequenzen jeder Tat. Das unerbittliche Gesetz, dass jede Tat irreversibel ist und ihre Folgen nicht widerrufen werden können, kann deshalb für Arendt nur durch Vergeben und Vergessen der Mitwelt außer Kraft gesetzt

30 Friedrich Nietzsche, »Jenseits von Gut und Böse«, in: *Sämtliche Werke*, hg. von Giorgio Colli u. Mazzino Montinari, Berlin, New York 1988, Bd. V, 86.

werden. In dem Augenblick, in dem ich dies in einem Intercity-Großraum-Abteil schreibe, überhöre ich mit halbem Ohr eine Alltags-Geschichte aus einem Büro, wo offenbar jemand einen schweren Fehler gemacht hat. Die Reaktion des Zuhörers lautet: ›Der Typ ist für den Rest seines Lebens verschuldet!‹ Solche Situationen hatte Arendt offenbar im Blick, als sie schrieb: »Hätten wir nicht die Aussicht auf das Vergeben und die Ablösung von den Konsequenzen unseres Handelns, dann wäre unsere Fähigkeit zum Handeln auf eine einzige Tat beschränkt, von der wir uns nie wieder erholen könnten; wir wären für immer die Opfer ihrer Folgen, ähnlich wie der Zauberlehrling, der die magische Formel vergaß, mit der er den Bann brechen konnte.«[31] Handeln ist deshalb im sozialen Kontext nur möglich, wenn die Verantwortung des Handelnden eingeschränkt ist und die Aussicht darauf besteht, dass nicht intendierte negative Folgen vergeben und vergessen werden.

Nietzsche ist immer wieder als erster Theoretiker eines positiven Vergessens gerühmt worden. Anwälte des Vergessens gab es jedoch schon vor ihm. Von dem amerikanischen Philosophen Ralph Waldo Emerson, den Nietzsche sehr bewundert hat, war schon die Rede.[32] Ein weiterer Vorläufer ist Montaigne. Ähnlich wie Nietzsche den Antiquar aufs Korn genommen hat, der wahllos die Fragmente der Vergangenheit ansammelt, ohne sich dabei von Kriterien der Bedeutung und Relevanz leiten zu lassen, hat Michel de Montaigne den Pedanten kritisiert und an seinem Beispiel die negativen Folgen des Zu-viel-Wissens vorgeführt. »Ein Kopf, der mit allem möglichen vollgestopft ist,

31 Hannah Arendt, *The human condition*, Chicago: University Press, 1958, 237.

32 Herwig Friedl, »Emerson and Nietzsche: 1862-1874.«, in: Religion and Philosophy in America, hg. von Peter Freese, Band I, Essen: Verlag Die Blaue Eule, 1987, 61-182.

wird dadurch nicht beweglicher und lebendiger. […] Wie Pflanzen, die durch zu viel Gießen ertrinken oder Lampen, in die in zu viel Öl ersticken, so leidet auch der Geist unter einem allzu exzessiven Studium.«[33]

Es war der Soziologe Maurice Halbwachs, der nach Nietzsche die Frage nach den Auswahlkriterien des Erinnerns auf eine neue Grundlage gestellt hat, indem er den Begriff des ›sozialen Rahmens‹ in die Gedächtnisforschung einführte. Darunter verstand er das jeweilige Auswahlprinzip, das dem Einzelnen von der Gruppe vorgegeben wird.[34] Was erinnert wird und was nicht, ist nach Halbwachs abhängig von den aktuellen Kommunikationsregeln der sozialen Gruppe, der man angehört. Der soziale Rahmen organisiert sowohl die Verbindung zwischen Individuum und Gesellschaft, als auch die Dynamik des Ineinandergreifens von Erinnern und Vergessen. Jeder Rahmen sperrt ein ganzes Spektrum an Erinnerungen aus, denen die soziale Akzeptanz damit entzogen ist. Paul Connerton spricht in diesem Kontext von »Mustern« (patterns): »Viele kleine Akte des Vergessens, die ein längeres Schweigen begünstigen, geschehen nicht zufällig, sondern folgen bestimmten Mustern.«[35] Erinnerungen existieren nicht in isolierter Streuung und Anhäufung, sondern in strukturierter Form. Sie sortieren sich über die Opposition ›anschließbar‹ oder ›unanschließbar‹ innerhalb von Clustern und Mustern. Solange es für Geschichten und Erinnerungen keinen Gedächtnisrahmen gibt, verhallen diese ungehört. Ihnen wird weder Aufmerksamkeit noch Bedeutung geschenkt,

33 Michel de Montaigne, »Von der Pedanterey«, in: ders., *Essays* I, 24, Zürich, 1992, 213-237.

34 Maurice Halbwachs, *Das Gedächtnis und seine sozialen Rahmen* (1925), Frankfurt a.M. 1992.

35 Paul Connerton, »Seven Types of Forgetting«, *Memory Studies* 1 (2008), 59-71; 63.

sie gehen unter durch Nichtbeachtung und Desinteresse. So ging es vielen Holocaustüberlebenden, die sich in den 1950er und 60er Jahren noch vergeblich um Anerkennung in der europäischen Öffentlichkeit bemühten.

Nur über den Wechsel von Gedächtnisrahmen können ausgesperrte Erinnerungen von der Gesellschaft wieder aufgenommen und bearbeitet werden. Ähnliches gilt für den wissenschaftlichen Paradigmenwechsel, der auch als eine Form des organisierten Vergessens bezeichnet werden kann. Die Logik des Vergessens infolge eines wissenschaftlichen Paradigmenwechsels hat Karl Schlögel folgendermaßen beschrieben: »Wenn es soweit ist, dann ist ein Deutungsmonopol zu Ende gegangen, erodiert, abgesetzt und ein anderes an seine Stelle gerückt, ohne dass eine Spur noch auf die vorangegangenen Auseinandersetzungen, ja Kämpfe verweisen würde. Ein Kapitel ist geschlossen, ein anderes geöffnet.«[36]

Mit dem Begriff des Gedächtnisrahmens lassen sich auch Fragen der Erinnerungspolitik besser verstehen. Dabei können wir Halbwachs mit Nietzsche verknüpfen, denn das nationale Gedächtnis wird gemeinhin von Stolz oder der Erinnerung an eigenes Leiden regiert, während die Erinnerung an eigene Schuld nur schwer Einlass findet. Im Lichte einer zivilgesellschaftlichen Erinnerungskultur, die sich auf die Grundlage der Menschenrechte stützt, hat seit den 1990er Jahren ein neuer transnationale Gedächtnisrahmen eine ›Politik der Reue‹ aufgebaut, in dem erstmals das öffentliche Bekenntnis von Schuld möglich wurde und die Erinnerung an selbst begangene Verbrechen Einlass ins nationale Gedächtnis fand. In diesem Rahmen übernahmen westliche Staaten zunehmend Verantwortung für eigene

36 Karl Schlögel, *Im Raume lesen wir die Zeit: Über Zivilisationsgeschichte und Geopolitik*, München 2003, 60.

historische Verbrechen und integrierten die Perspektive ihrer Opfer ins nationale Narrativ.

4. Strafendes (*damnatio memoriae*) und repressives Vergessen

Damnatio memoriae ist eine Form des strafenden Vergessens durch symbolische Vernichtung eines Gegners, der abrupt in Ungnade gefallen ist. »Ein Mensch lebt, wenn sein Name genannt wird.«[37] Dieses altägyptische Sprichwort hat weltweite Gültigkeit. Deshalb gilt das Vergessen und die Auslöschung des Namens, die *damnatio memoriae*, als eine schwere Strafe. Sie trifft die Existenz der Person im Innersten, die damit verleugnet und vernichtet wird. Diejenigen, deren Namen aus den Annalen gestrichen und von den steinernen Monumenten weggemeißelt werden, sollen symbolisch ein zweites Mal sterben. Diese Form des Vergessens ist allerdings gekennzeichnet von dem performativen Widerspruch, auf den Umberto Eco hingewiesen hat: Sie mobilisiert Aufmerksamkeit für das, was gleichzeitig der Wahrnehmung entzogen werden soll.

Während *historische* Archive ein ›Verwahrensvergessen‹ ermöglichen, das Teil einer demokratischen Kultur ist, die die Alterität der Vergangenheit als einen kulturellen Wert anerkennt und schützt, sind *politische* Archive grundsätzlich geheim und bilden ein wichtiges Steuerungsinstrument der Macht. Da es in Diktaturen kein Recht auf Transparenz gibt, werden diese Archive nach Ablaufdatum der verwalteten Geschichte nicht für die historische Forschung freigegeben, sondern bleiben der Öffentlichkeit dauerhaft entzogen. Solange Archive verschlossen gehalten

37 Jan Assmann, *Tod und Jenseits im Alten Ägypten*, München: Beck, 2001, 54.

werden, können vergangene Verbrechen (wie zum Beispiel bis heute der Genozid an den Armeniern) nicht historisch aufgearbeitet werden. Den Opfern von Gewalt wird dabei das Recht auf ihre Geschichte und Erinnerung entzogen.

Das Thema des repressiven Vergessens und der totalen Kontrolle über die Vergangenheit hat George Orwell in seinem berühmten Roman *1984* vor dem Hintergrund aktueller Diktatur-Erfahrungen aus nächster Anschauung analysiert. Darin zeigt er detailliert, wie durch repressives und destruktives Vergessen die Geschichte auf Eindeutigkeit getrimmt und auf die Affirmation der Macht ausgerichtet wird. Orwell untersuchte gewalttätige Formen des Vergessens, die der Legitimierung und Stabilisierung von Macht dienen. Dazu gehörten Propagandamaßnahmen, Gesinnungskontrolle und Gehirnwäsche, sowie die Zerstörung und Umfälschung materieller Spuren und Überlieferungen. Der Protagonist des Romans, Winston Smith, ist ein paradoxer (und halbherziger) Archivar, der mit der Vernichtung von Spuren und der Umschreibung von Geschichte beauftragt ist. Diese paranoide Tätigkeit soll die Vergangenheit mit der Gegenwart in Deckung bringen und verhindern, dass sich Vergangenheit als eine eigenständige Dimension sedimentiert, die durch Gegenbeweise die Lügen des Regimes widerlegen könnte. Wie gut das gelingt, fasst Winston anschaulich zusammen:

> »Ist dir klar, dass die Vergangenheit, angefangen mit dem gestrigen Tag, bereits vernichtet ist? Wenn sie noch irgendwo überlebt, dann höchstens in ein paar stabilen Gegenständen, die keine Spuren von Sprache an sich haben, wie zum Beispiel dieser Briefbeschwerer aus Glas. [...] Jedes Dokument ist entweder zerstört oder gefälscht worden, jedes Buch umgeschrieben, jedes Bild umgemalt, jede Statue oder Straße umbenannt, jedes Da-

Josef Stalin mit seinem NKWD-Chef Nikolai Jeschow, einem der Architekten des ›Großen Terror‹ 1937/38. Nachdem Jeschow 1938 in Ungnade gefallen war, wurde er aus dem Foto herausretouchiert.[38]

> tum wurde verändert. Und so geht es von Tag zu Tag und Minute zu Minute weiter. Die Geschichte ist zum Stillstand gekommen. Es gibt nichts mehr außer einer endlosen Gegenwart, in der die Partei immer recht hat.«[39]

Orwells Roman ist eine großartige Studie über das Vergessen in all seinen Dimensionen: psychologisch, kommunikativ, sozial, politisch und kulturell. Der berühmte Slogan der Partei lautet: ›Who controls the past, controls the future: who controls the present, controls the past.‹ (Wer die Vergangenheit kontrolliert, kontrolliert die Zukunft; wer die Gegenwart kontrolliert, kontrolliert die Vergangenheit.)[40] Orwell hat allerdings auch gezeigt, welche ungeheuren Anstrengungen erforderlich sind, um das politische Ziel des repressiven Vergessens radikal umzusetzen und die Geschichte nachträglich auf die Eindeutigkeit der aktuellen Propaganda auszurichten. Zu den von ihm beschriebenen Manipulations-Strategien zum Zweck der Machterhaltung gehören Verleugnen, Vertuschen, Lüge und Täuschung (einschließlich des permanenten Umschreibens von Dokumenten und des Retouchierens von Fotografien).

38 Foto: unbekannt, Rechte: Russ. Förderation, Wikipedia, Public Domain.
39 George Orwell, *1984*, London, 1949, 128.
40 George Orwell, *1984*, 32.

Ein weiteres historisches Beispiel für *damnatio memoriae* sind die Bücherverbrennungen, die im Mai 1933 in vielen deutschen Städten während der NS-Diktatur gegen jüdische Autoren und Regimegegner gerichtet waren. Der Vernichtungsakt auf öffentlichen Plätzen in unmittelbarer Nähe der Universitäten und ihrer Bibliotheken war nicht nur ein Akt der materiellen Vernichtung; es ging vielmehr um die symbolische Ächtung einzelner Autoren und die Vernichtung ihrer Namen. Dieses Vergessen reichte so lange wie die Macht, die es proklamierte. Auch hier liegen Vergessen und Erinnern nahe beieinander. Denn nach dem Ende des Zweiten Weltkriegs wurde die Liste der verbrannten Bücher umgewertet und ging in den Grundstock der deutschen Nachkriegsbibliotheken ein: Aus geächteten wurden geachtete Autoren.

Repressives Vergessen kann auch weniger dramatisch, dafür aber umso effektiver umgesetzt werden durch ›strukturelle Gewalt‹. Dazu gehören unterschwellige Formen der Zensur sowie Zugangsbeschränkungen zu gesellschaftlichen und kulturellen Ressourcen. In patriarchalischen Gesellschaften haben Frauen keinen oder nur erschwerten Zugang zu Schrift und Druck, was zu ihrem weitgehenden Ausschluss aus Archiven und Bibliotheken geführt hat. »Die Männer haben den großen Vorteil, dass sie ihre Geschichte selbst erzählen dürfen. Sie sind von ihrer Erziehung dazu in so viel höherem Maße befähigt; sie hatten die Feder in der Hand.« (»Men have every advantage of us in telling their own story. Education has been theirs in so much higher a degree; the pen has been in their hands.«[41] Diese hellsichtigen Sätze stehen nicht in einem Essay von Virginia Woolf aus den 1920er Jahren, sondern bereits 1817 in einem Roman von Jane Austen. Entsprechendes

41 Jane Austen, *Persuasion*, Oxford: University Press, Bd. 2, Kapitel 11.

gilt für andere sozial, religiös oder rassisch unterdrückte Bevölkerungsgruppen. ›Strukturelle Gewalt‹ sorgt dafür, dass immer nur einige Stimmen gehört werden und andere nicht. Ganze Gruppen wie die indigene Bevölkerung in Australien oder in den USA gelten als ›geschichtslos‹, nur weil sie keine Schriften, Dokumente und Archive vorzuweisen haben. Eine Ikone des postkolonialen Diskurses ist der Aufsatz von Chakravorty Spivak: »Can the Subaltern Speak?«[42] In diesem Aufsatz zeigt sie eindrücklich, dass bestimmte Mitglieder der Gesellschaft kein Recht auf eine eigene Stimme haben. In diesem Falle müssen sich nicht nur die Gedächtnisrahmen, sondern auch die Machtverhältnisse ändern, damit das Schweigen gebrochen und das Vergessene in die Sprache zurückgeholt werden kann.

5. Defensives und komplizitäres Vergessen zum Schutz der Täter

Wenn absehbar wird, dass das Gebäude ihrer Macht einstürzen wird, pflegen die Täter sich durch Maßnahmen des Vertuschens und Verdeckens vor Strafverfolgung in Sicherheit zu bringen. Hochrangige Nazi-Funktionäre wechselten nach 1945 Namen und Identitäten und löschten auf diese Weise die Schuld ihres früheren Lebens. Solange sie an der Macht sind, wissen sich die Täter vor Strafe geschützt; wenn ihnen diese Macht entzogen wird, setzen sie auf Vergessen. Durch hastige Spurentilgung versuchen sie dann, sich ihrer schuldhaften Geschichte zu entledigen und der Verfolgung und Verantwortung zu entziehen. In Südafrika zum Beispiel hat das Apartheid-Regime vor der demokratischen Wende im Jahre 1990 tonnenweise

42 Gayatri Chakravorty Spivak, *Can the Subaltern Speak? Postkolonialität und subalterne Artikulation*. Aus dem Englischen von Alexander Joskowicz und Stefan Nowotny, Wien: Turia & Kant, 2007.

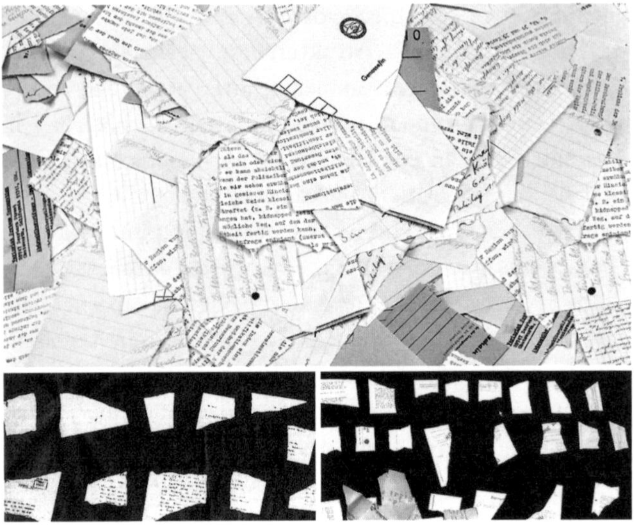

In den letzten drei Monaten des Jahres 1989 wurde in der DDR im großen Umfang Archivmaterial geschreddert, um Spuren zu verwischen. Stasi-Schnipsel blieben in mehr als 16.000 Säcken erhalten. Mithilfe einer neuen Software, die der Leiter der Abteilung Sicherheitstechnik im Bereich der Automatisierungstechnik am Fraunhofer IPK Dr. Bertram Nickolay entwickelt hat, kann das Puzzle wieder zusammengesetzt werden. Aus der ganzen Welt gehen inzwischen Anfragen ein, um diese innovative Technik bei der Aufarbeitung von Gewaltregimen und Verbrechen einzusetzen.[43]

Archivmaterial geschreddert, um mögliches Beweismaterial für anschließende Prozesse zu vernichten.

Vor Kriegsende sind noch sieben Millionen Karten der NSDAP-Mitglieder-Datei in eine Papiermühle in der Nähe von München zum Schreddern gebracht worden, wo sie jedoch in den Wirren der letzten Kriegstage vergessen und später von den Amerikanern beschlagnahmt wurden. Sie befinden sich heute im Bundesarchiv in Berlin (Berlin Document Center), wo sie im Jahre 2003 von Historikern auf-

43 Fotos: Gerold Baumhauer. Fraunhofer Institut für Produktionsanlagen und Konstruktionstechnik (IPK) ipk.frauenhofer.de.

gefunden und öffentlich thematisiert worden sind. Nach 70 Jahren ›erinnerten‹ diese Karten eine Generation, die ihr Gedächtnis verloren hatte, an ihre NSDAP-Mitgliedschaft.[44]

Christian Meier und Hermann Lübbe haben sich beide für die erneuernde und transformierende Kraft des Schweigens und Vergessens ausgesprochen. Von diesem transformierenden Schweigen muss jedoch unbedingt das komplizitäre Schweigen unterschieden werden. Es erhält einen skandalösen status quo aufrecht, der den Tätern Schutz bietet und die Opfer weiter ausbeutet und unterdrückt.

Das Beispiel, das die deutsche Öffentlichkeit von Januar bis Dezember 2010 intensiv beschäftigte, waren die Fälle sexuellen Missbrauchs in Internatschulen und kirchlichen Einrichtungen. Durch eine Kette von Klagen und Zeugenberichten wurden die Vergehen bekannt, die seit mehreren Jahrzehnten von Lehrern, Geistlichen und Würdenträgern an Jugendlichen und Kindern verübt worden sind. Die Verantwortlichen, denen diese Fälle gemeldet wurden, reagierten darauf mit einem Willen zum Vergessen. Vergessen umschließt hier eine ganze Reihe von Handlungen wie Herunterspielen, Aufschieben und Ignorieren. Indem man die Augen verschloss, glaubte man, diese Peinlichkeiten aus der Welt schaffen zu können. Komplizitäres Schweigen entsteht mithilfe des Drucks von Tabus. Das sind soziale Normen, die so tief einverleibt sind, dass sie gar nicht in explizite Verbote übersetzt werden müssen, um befolgt zu werden. Ebenso tabuisiert wie die Missbrauchshandlungen selbst war die Kommunikation darüber. Weil dieses Schweigen einen starken Konformzwang ausübt, bedarf es der Zivilcourage, um sich seinem Druck zu widersetzen;

44 Tilman Jens, *Vatermord – Wider einen Generalverdacht*, Gütersloh: Gütersloher Verlagshaus, 2010.

Im Jahr 2010 wurde in Deutschland das lange anhaltende Schweigen zum Thema sexueller Missbrauch gebrochen. Der Filmemacher Wim Wenders hat mit Spots und Plakaten zu einer Aufklärungskampagne beigetragen, die er im September 2010 mit der Missbrauchsbeauftragen der Bundesregierung Christine Bergmann vorstellte.[45]

denn das öffentliche Wort kann auch Imageverlust und soziale Ächtung zur Folge haben. Damit dieses Schweigen gebrochen werden konnte, das Praktiken des sexuellen Missbrauchs von Kindern und Jugendlichen über Jahrzehnte toleriert und in öffentlichen und privaten Institutionen, einschließlich der Familie, geschützt hat, bedurfte es eines grundlegenden Wertewandels in der Gesellschaft und einer neuen Sensibilität für die Abhängigkeit und Ausbeutung ihrer schwächsten Glieder.

Das Vergessen manifestiert sich in diesem Fall in drei Formen des Schweigens, die sich gegenseitig stabilisieren:

45 Süddeutsche Zeitung: http://polpix.sueddeutsche.com/polopoly_fs/1.1003198.1355793887!/httpImage/image.jpg_gen/derivatives/940x528/image.jpg

- ein *defensives* Schweigen auf der Seite der Täter
- ein *symptomatisches* Schweigen auf der Seite der traumatisierten Opfer und
- ein *komplizitäres* Schweigen auf der Seite der Gesellschaft.

Das komplizitäre Schweigen schützt die Täter davor, namhaft zu werden und sich für ihre Verbrechen verantworten zu müssen. Wenn alle drei Formen des Schweigens zusammenkommen, können Verbrechen lange und effektiv unterdrückt werden. Solange es nur die Opfer sind, die bereit sind, ihr Schweigen zu brechen und ihre Rechte einzuklagen, hat das meist keinerlei Wirkung. Es muss der Wille der Gesellschaft hinzukommen, diesen Opfern ihr Recht zu verschaffen. Erst dann wird das Wort der Opfer öffentlich durch die Medien verstärkt. Dazu bedarf es eines radikalen Wertewandels im Zeichen der Menschenrechte. Ein entsprechender Wertewandel vollzog sich in den 1980er und 1990er Jahren, als eine neue Sensibilität für das Leiden, die Abhängigkeit und Ausbeutung der Opfer von Holocaust, Sklaverei, Kolonialismus und Diktaturen entstand. Nach diesem Wertewandel veränderte sich das soziale Klima in vielen Staaten von einem Schutzschild für die Täter in einen Resonanzboden für die Opfer.

6. Konstruktives Vergessen – *tabula rasa* im Dienste eines politischen oder biographischen Neubeginns

Ich habe mit der ambivalenten Bewertung von Erinnern und Vergessen begonnen, deshalb dürfen wir ihre positiven Seiten nicht vergessen! Zu denen, die uns auf die Wohltaten des Vergessens aufmerksam gemacht haben, gehört Bertolt Brecht. Sein Gedicht ›Lob der Vergesslichkeit‹ endet mit der folgenden Strophe:

> Wie erhöbe sich ohne das Vergessen der
> Spurenverwischenden Nacht der Mensch am Morgen?
> Wie sollte der sechsmal zu Boden geschlagene
> Zum siebenten Mal aufstehen
> Umzupflügen den steinigen Boden, anzufliegen
> Den gefährlichen Himmel?
> Die Schwäche des Gedächtnisses verleiht
> Den Menschen Stärke.[46]

Woher, wenn nicht aus dem Vergessen, könnte sonst der Mensch, der von Enttäuschungen, Rückschlägen und Leiden gebeugt ist, die Kraft und den Mut nehmen, sich immer von Neuem den widrigen Verhältnissen zu stellen? Wir nennen diese Kraft des Durchhaltevermögens heute auch ›Resilienz‹. Unter einem etwas anderen Vorzeichen interessierte sich auch Hugo von Hofmannsthal für das konstruktive Vergessen im Zusammenhang mit der Überwindung von Leid und Verlust. Sein Begriff dafür war Verwandlung. Darunter verstand er einen Prozess, der eine Gratwanderung zwischen Erinnern und Vergessen einschloss. »An dem Verlorenen festhalten, ewig beharren, bis an den Tod – oder aber *leben*, weiterleben, hinwegkommen, sich verwandeln, die Einheit der Seele preisgeben, und dennoch in der Verwandlung sich bewahren, ein Mensch bleiben, nicht zum gedächtnislosen Tier herabsinken.«[47]

Brechts Lob der Vergesslichkeit können wir auch auf schöpferische Prozesse ausdehnen, denn Vergessen ist auch

46 Bertolt Brecht, »Lob der Vergesslichkeit«, in: *Die Gedichte von Bertolt Brecht in einem Band*, Frankfurt a.M. 1999.

47 Richard Strauss, Hugo von Hofmannsthal, *Briefwechsel*, hg. von Willi Schuh, Zürich: Artemis Verlag, 1970, 134.

eine Grundvoraussetzung künstlerischer und geistiger Kreativität. Nicht nur der Gewinn und Zustrom von Wissen, gerade auch der Verlust und Entzug von Wissen kann unter bestimmten Bedingungen heilsam sein. Das hat schon Goethe erfahren, wie er in einem Gespräch mit Eckermann bekannte: »Hätte ich aber so deutlich wie jetzt gewusst, wie viel Vortreffliches seit Jahrhunderten und Jahrtausenden da ist, ich hätte keine Zeile geschrieben, sondern etwas anderes getan.«[48] In diesem Sinne ließ er auch seinen Faust sagen: »Was man nicht nützt ist eine schwere Last; Nur was der Augenblick erschafft, das kann er nützen.« (1. Teil, 685) Unter ganz anderen Voraussetzungen hat der jüdische Romanist Erich Auerbach diese Erfahrung im türkischen Exil während des Zweiten Weltkriegs gemacht. Dort hat er zwischen 1936 und 1947 sein wichtigstes Buch mit dem Titel *Mimesis* geschrieben, in dem er ein ganz neues Konzept abendländischer Literatur entwickelt hat. Dieses Buch, da ist man sich einig, ist nur deshalb entstanden, weil der Autor es außerhalb der Reichweite einer Forschungsbibliothek schreiben musste. Neben dem repressiven und defensiven Vergessen gibt es also auch ein hoffnungsvolles und konstruktives Vergessen, das die Grundlage für geistige Innovation, Identitätswandel und einen politischen Neubeginn ist.

Übrigens ist die Tatsache, dass es vor den 1960er Jahren schon einmal eine Migrationswelle zwischen Deutschland und der Türkei gab, völlig in Vergessenheit geraten. Die erste Migrationswelle bewegte sich aber diesmal in die andere Richtung. Kemal Atatürk hat in den 1930er Jahren deutsch-jüdische Intellektuelle, die vom Nationalsozialismus bedroht waren, in sein Land eingeladen, um die Künste und Wissenschaften zu beleben. Dieses verges-

48 Johann Peter Eckermann: *Gespräche mit Goethe in den letzten Jahren seines Lebens*, Kapitel 61 (16.2.1826).

sene Kapitel deutsch-türkischer Geschichte holt der Dokumentarfilm von Eren Önsöz mit dem Titel *Heymatloz* [2016] in die Erinnerung.

Ebenso wie nach einer Scheidung, wenn die Netze der Familie und Freundschaft plötzlich neu strukturiert werden müssen, wird nach einem politischen Systemwandel vieles sehr schnell vergessen. Nach 1945 wurden Hitlerbilder und Hakenkreuze umgehend entsorgt, Bücher wie *Mein Kampf*, die in jedem Haushalt im Regal standen, verschwanden spurlos. In Zeiten der Beseitigung der Trümmer, des ›kommunikativen Beschweigens‹ (Hermann Lübbe) und des wirtschaftlichen Aufbruchs, war es tatsächlich die Schwäche des Gedächtnisses, die im Westen Deutschlands den Menschen Stärke verlieh. Nach der Wende konnte man – unter anderen Vorzeichen – noch einmal Ähnliches erleben. Als im Osten neue Museen entstanden, herrschte ein akuter Mangel an Honecker-Bildern, die umgehend aus dem Verkehr gezogen waren. In Zeiten des Internets hat sich das geändert; jetzt kann man solche Bilder wieder im Goldrahmen bei eBay kaufen. Der radikale Rahmenwechsel vollzog sich auch in den Schulen. Im Geschichtsunterricht nach 1989 mussten die Schüler in der ehemaligen DDR auf Geheiß der Lehrerin ganze Kapitel aus ihren Geschichtsbüchern herausreißen. Wie sich das in der jungen Generation anfühlte, hat die Enkelin von Christa Wolf, Jana Simon, in ihrem Erinnerungsroman aus dem Jahr 2002 beschrieben:

> »Es gibt keinen Ort an dem sie ihre Kindheit wieder finden könnten. Die Clubs ihrer Jugend sind fast alle geschlossen, manche wie das PW sogar abgebrannt, die Straßen heißen anders, die Schulen auch. Die Einrichtung in den Wohnungen ihrer Eltern wurden ausgetauscht, ihre Häuser wurden renoviert, die Produkte ihrer Kindheit […] alles weg. Ihre alten Lehrbücher lagen

neben den Mülltonnen, Bücher über die Geschichte der Arbeiterklasse, die sie vorher zum Teil auswendig lernen mussten. Die Traditionszimmer in ihren Schulen, die Ehrenhaine, in denen die sinnlosen Fahnenappelle abgehalten wurden, alles verschwand in der Erinnerung.«[49]

... oder vielmehr in der riesigen Müllgrube des Vergessens, die hier nicht wie bei Emerson Teil westlicher Innovationsdynamik war, sondern zur Logik der abrupten Umwertung im Rahmen eines politischen Systemwandels gehörte. Bei der Entsorgung der Geschichte durch Geschichtsbücher und Denkmäler geht es nicht um eilige Spurentilgung, sondern um die Herstellung einer *tabula rasa* im Bedürfnis nach schneller und effektiver Anpassung an einen neuen Zustand.

Christian Meier hat in seinem Buch über *Das Gebot zu vergessen und die Unabweisbarkeit des Erinnerns* die Bedeutung des Vergessen als eine besondere kulturelle Errungenschaft hervorgehoben.[50] Er zeigt, dass nach Bürgerkriegen das gemeinsame Vergessen der schlimmen Vergangenheit die Gesellschaft immer wieder befriedet hat. Seine Beispiele sind der Peleponnesische Bürgerkrieg in der Athenischen Polis, sowie der Dreißigjährige Krieg. Im Friedensvertrag von Münster-Osnabrück von 1648 findet sich die Devise vom ›Vergessen und Vergeben‹ (perpetua oblivio et amnestia). Sie hat in der Geschichte nach Bürgerkriegen wiederholt eine schnelle politische und soziale Integration befördert. Noch nach dem zweiten Weltkrieg hat die heilsame Therapie des Vergessens die Grundlage eines neuen

49 Jana Simon, *Denn wir sind anders. Die Geschichte des Felix S.*, Berlin 2002, 47-48.

50 Christian Meier, *Das Gebot zu vergessen und die Unabweisbarkeit des Erinnerns. Vom öffentlichen Umgang mit schlimmer Vergangenheit*, München 2010.

Der in Europa wütende 30-jährige christliche Bürgerkrieg zwischen Katholiken und Protestanten endete 1648 mit einem Friedensvertrag, der in Münster unterzeichnet wurde. Der Vertragstext fordert ein »immerwährendes Vergessen und Vergebung [perpetua oblivio et amnistia] all dessen, was seit Beginn dieser Auseinandersetzungen an irgendeinem Ort oder auf irgendeine Weise von der einen oder der anderen Seite, hinüber oder herüber, feindlich geschehen ist«.[51]

Europas gelegt. Das bestätigt auch die Rede, die Winston Churchill 1946 vor Studenten in Zürich gehalten hat:

> »Wir alle müssen den Gräueln der Vergangenheit den Rücken zuwenden. Wir müssen in die Zukunft schauen. Wir können es uns nicht leisten, in die kommenden Jahre den Hass und die Rache hineinzuziehen, die aus den Wunden der Vergangenheit entstanden sind. Wenn Europa von endlosem Unheil und endgültigem Unter-

51 »Beschwörung des Spanisch-Niederländischen Friedens im Rathaus zu Münster«, Gemälde von Gerard ter Borch, 1648. London, National Gallery, Kopie Stadtmuseum Münster. Abb. in Hans Galen (Hg.), 30jähriger Krieg, Münster und der Westfälische Frieden 1648-1998, Bd. 2. Münster: Stadtmuseum Münster 1998, S. 135.

> gang gerettet werden soll, müssen wir es auf einen Akt des Glaubens an die europäische Familie und einen Akt des Vergessens aller Verbrechen und Irrtümer der Vergangenheit gründen.«[52]

Konstruktives Vergessen ist nicht nur ein biographisches, künstlerisches, soziales und politisches Thema. Inzwischen haben auch die Evolutionspsychologen und Neurowissenschaftler die positive Bedeutung des Vergessens entdeckt. Sie sprechen von ›Extinktionslernen‹ und meinen damit den Vorgang des Entlernens, des Rückgängig-machens schädlicher Synapsen und Gedächtnisspuren. Vergessen ist wichtig für die Befreiung von angeborenen Urängsten wie zum Beispiel der Spinnen-Phobie, aber auch grundsätzlich nötig für die Fähigkeit, Neues aufzunehmen. Das Wort ›Entlernen‹ hat es inzwischen in den Duden geschafft. Seine Definition lautet: »etwas Erlerntes, Gewusstes, Gekonntes bewusst vergessen, um dadurch die Kapazität und die Offenheit zu haben, Neues zu lernen«. Das ist leichter gesagt als getan, aber ein wichtiger Grundsatz gegenwärtiger Bildungsforschung: »Spezialwissen wird immer wichtig sein, da es aber schnell veraltet, müssen alle Menschen das Lernen und Entlernen üben. Wir müssen in der Lage sein, das Wissen, das gerade noch nützlich erschien, aufzugeben, um etwas Neues zu lernen.«[53] Ein Gedächtnis, in dem die Synapsen festgefahren sind, kann sich nicht an neue Umweltbedingungen anpassen.

52 Randolph S. Churchill (Hg.), *The Sinews of Peace. Post-War Speeches by Winston S. Churchill*, London 1948, 200.

53 Aus einem Interview mit Peter Wippermann, 25.10.2001, http://www.bildungsserver.de/innovationsportal/bildungplus.html?artid=55

7. Therapeutisches Vergessen – die Last der Vergangenheit hinter sich bringen

Mit der Beschreibung des konstruktiven Vergessens als einer wichtigen Ressource ist diese Typologie noch nicht am Ende. Wir haben nämlich erlebt, dass in den letzten Jahrzehnten unter dem wachsenden Druck traumatischer Vergangenheiten die kulturellen Rahmen – um mit Halbwachs zu sprechen – immer öfter von Vergessen auf Erinnern umgestellt wurden. Von der Form der bedingungslosen Holocaust-Erinnerung, die erst Ende der 1980er Jahre als ein ›Erinnern gegen das Vergessen‹ entstand, müssen wir dabei noch eine andere Form des Erinnerns unterscheiden, die ein Quäntchen Vergessen einschließt. Meine siebte und letzte Form ist deshalb das therapeutische Vergessen. Erinnern wird in diesem Kontext als eine Therapie eingesetzt, um eine Geschichtslast durch Anerkennung und Reue zu überwinden und hinter sich zu lassen. Es ist ebenso wie das konstruktive Vergessen auf Versöhnung, soziale Integration und die Überwindung einer gemeinsamen Gewaltgeschichte gerichtet, aber nur über das Erinnern zu erreichen. Wir stoßen hier noch einmal auf eine enge Verschränkung von Erinnern und Vergessen, die im Fall des therapeutischen Vergessens in zwei Phasen abläuft. Das Erinnern im Sinne der Auseinandersetzung mit der Vergangenheit und ihrer Aufarbeitung ist dabei die erste Phase in einem Prozess, der auf die Anerkennung, gemeinsame Aneignung und – ganz wichtig: – Rückstufung dieser Geschichte im Bewusstseinshaushalt der Gesellschaft zielt. Das Wort ›Vergessen‹ für diese zweite Phase ist in der Bedeutung von Entschärfung, Überwindung und Distanzierung im Sinne des sozialen Friedens und eines konstruktiven Neubeginns zu verstehen.

Die westliche Kultur ist reich an Beispielen für Erinnern im Rahmen eines solchen therapeutischen Vergessens.

Therapeutisches Vergessen bedeutet im Bilde gesprochen: Die Seite muss gelesen werden, bevor sie umgeblättert werden kann. Im Rahmen der christlichen Beichte zum Beispiel wird erinnert, um zu vergessen: Die Schuld muss aufgelistet und ausgesprochen werden, bevor sie durch die Absolution des Priesters getilgt werden kann. Ähnliches gilt für den künstlerischen Prozess der Katharsis: Durch Reinszenierung eines schmerzlichen Ereignisses auf der Bühne des Theaters kann eine Last der Vergangenheit noch einmal durchlebt und dabei überwunden werden. Die Gruppe, die solches durchlebt, geht nach der Theorie des Aristoteles aus dieser Erfahrung kollektiv gereinigt hervor. Vergessen durch Erinnern ist im Grunde auch das Ziel der Freudschen Psychoanalyse, die die belastende Vergangenheit noch einmal ins Bewusstsein hebt, um sie danach umso besser hinter sich lassen zu können. Eine ähnlich therapeutische Funktion als Mittel zum Vergessen gewinnt die Erinnerung in neuen öffentlich-politischen Verfahren: Eine schmerzhafte Wahrheit muss noch einmal ans Licht geholt und öffentlich gemacht werden, das Opfer muss seine Leiden erzählen dürfen und sie müssen mit Empathie angehört und anerkannt werden, damit sie anschließend in einem gemeinsamen Gedächtnis aufgehoben und als ›vergangen‹ bestätigt werden können. Nach diesem Verfahren waren die Tribunale der ›Truth and Reconciliation Commission‹ organisiert, die in Südafrika zu einer Mischung aus Tribunal, kathartischem Drama und christlichem Beichtritual wurden.

Gegenwärtig sind auf der Welt rund dreißig Wahrheitskommissionen im Einsatz, wobei die Verfahrensregeln je nach Situation immer wieder neu erfunden werden müssen. Obwohl die Komponente J für ›Justice‹ in diesen Übergangsprozessen des politischen Systemwandels keineswegs ausgespart ist, kommt der Komponente T für ›Truth‹ eine besondere Bedeutung zu. Nicht das Abdecken und Ruhenlassen, sondern das in einem sozialen Raum Zur-Sprachebringen, Bekennen und öffentlich Zur-Kenntnis-nehmen bestimmen diese Form der Erinnerungspolitik. Da sie auf Versöhnung und Integration ausgerichtet ist, können wir sie als eine neue Form der ›Vergangenheitsbewältigung‹ ansprechen, die in einem politischen Übergangsprozess dabei helfen soll, ehemalige Diktaturen und andere menschenrechtsverletzende Regime in Demokratien zu verwandeln. Bei dieser Form der Vergangenheitsbewältigung ist Avishai Margalits Unterscheidung von ›Löschen‹ und ›Zudecken‹ von zentraler Bedeutung: »Das richtige Modell für Vergeben, sowohl im psychologischen wie im ethischen Sinne, ist das Modell des Zudeckens, nicht des Löschens. Was allerdings aus dem Gedächtnis gelöscht werden muss, ist das Gedächtnis der Emotion im Sinne ihrer Wiederbelebung, nicht im Sinne ihrer Erinnerung.«[54]

In traumatisch gespaltenen Gesellschaften führt der Weg zur Rechtsstaatlichkeit und Integration heute eben gerade nicht mehr, wie Christian Meier empfiehlt, durch das Vergessen, sondern durch das Nadelöhr der Anerkennung, Erinnerung und Aufarbeitung von Massenverbrechen – nicht zum Zweck ihrer dauerhaften Memorialisierung, sondern um eine Grundlage für eine gemeinsame Zukunft zu gewinnen. Durch politische Rituale der Reue und empathische Teilhabe der Gesellschaft an der Erinnerung der Opfer soll die Last der Vergangenheit abgetragen werden. Erst auf dieser Grundlage ist ein Neubeginn möglich und die traumatische Geschichte kann zur Vergangenheit werden.

54 Avishai Margalit, *The Ethics of Memory*, Cambridge, Mass.: Harvard University Press, 2002, 208.

Zusammenfassung

Erinnern und Vergessen sind, wie Jan Philipp Reemtsma betonte, »menschliche Eigenschaften, die weder gut noch schlecht sind, sondern beide dazugehören, das Leben zu bewältigen«.

Die ersten drei Formen auf meiner Liste, automatisches Vergessen, Verwahrensvergessen und selektives Vergessen, sind wertneutral. Sie betonen die Funktion des Vergessens als mentaler Filter und materielle Komplexitätsreduktion. Die Formen 4 und 5, repressives und defensives bzw. komplizitäres Vergessen, sind demgegenüber negativ konnotiert. Hier geht es um das Vergessen als eine Waffe, um aggressive und lautlose Formen der Erhaltung der Macht, um den Schutz der Täter und die Stabilisierung eines repressiven sozialen Klimas. Die beiden letzten Formen des Vergessens, konstruktives und therapeutisches Vergessen, sind dagegen eindeutig positiv konnotiert. Sie beziehen sich auf die Rolle des Vergessens im Umgang mit traumatischer Vergangenheit. In diesem Punkt zeichnet sich derzeit ein deutlicher Paradigmenwechsel ab, der etwas mit einem veränderten Weltethos zu tun hat: Das löschende konstruktive Vergessen, das eine *tabula-rasa*-Situation für den Neubeginn herstellen soll, weicht immer mehr einem therapeutischen Vergessen, das das Erinnern nicht mehr einfach durchstreicht und negiert, sondern in sich aufgenommen hat.

Der größte Teil geht verloren. Das ist die älteste Selbstbeschreibung des menschlichen Gedächtnisses, die für Individuen wie für Gesellschaften und Kulturen gilt. Das Gedächtnis ist immer eingeschränkt, denn es bezieht sich auf die Perspektive und Erfahrung eines Individuums oder einer Gruppe. Um etwas in dem Gedächtnis unterzubringen, bedarf es besonderer Anstrengungen. Aber es lohnt

<table>
<tr><td>1 automatisches Vergessen
2 Verwahrensvergessen
3 selektives Vergessen</td><td>Vergessen als Filter</td><td>neutral</td></tr>
<tr><td>4 destruktives und repressives Vergessen
5 defensives und komplizitäres Vergessen</td><td>Vergessen als Waffe</td><td>negativ</td></tr>
<tr><td>6 konstruktives Vergessen
7 therapeutisches Vergessen</td><td>Vergessen als Ermöglichung von Zukunft</td><td>positiv</td></tr>
</table>

sich. Denn Gedächtnis stiftet Gemeinschaft. Man erinnert sich, um dazuzugehören und man möchte auch selbst im Gedächtnis der Gruppe fortleben. Doch ohne Vergessen geht es auch nicht. Das wusste, unter anderen historischen und technischen Bedingungen, bereits der französische Schriftsteller Balzac, der diese Einsicht in einem unvergesslichen Satz zusammengefasst hat: »Die Erinnerungen verschönern das Leben, aber das Vergessen macht es erträglich.«

Sieben Fallstudien

Die (Un-)Sichtbarkeit von Denkmälern – Musil, Aljoscha und Dr. Karl Lueger

Musil

Die dritte Form des selektiven Vergessens entsteht, wie wir gesehen haben, durch Entwertung und den Entzug von Aufmerksamkeit. Sie ist überall am Werk, wo auf etwas Bestimmtes fokussiert wird und anderes damit gleichzeitig ausgeblendet, ignoriert, übersehen wird. Dieses Vergessen, das durch politische Wert-Orientierung, soziale Normen sowie alltägliche Routine und Gewohnheit aufrechterhalten wird, kann jederzeit durch einen Perspektivwechsel beendet werden. Neues Wissen, Umdenken und überraschende Ereignisse können solche Selektionsprozesse verändern und das Bild revidieren. Robert Musil hat sich besonders für diese Form des selektiven Vergessens interessiert und dabei die Rolle der Aufmerksamkeit genauer untersucht. Seine Überlegungen dazu hat er in einem kurzen Text über Denkmäler zusammengefasst. Sein Essay behandelt die Paradoxie von Denkmälern im urbanen Raum, die er nicht aus der Perspektive ihrer Stifter, sondern ausschließlich aus der Sicht der Passanten beurteilt.[1] Er kommt nämlich zu dem Schluss, dass die von den Stiftern in eine ewige Zukunft geschickte Botschaft des Denkmals bei ihren Adressaten gar nicht ankommt. Und das gilt nicht für dieses oder jenes Denkmal, sondern für alle, mit

1 Robert Musil, »Denkmäler«, in: ders., Gesammelte Werke 2; Reinbek: Rowohlt, 1978, 506-509; hier: 506.

Ausnahme höchstens von Bismarcktürmen und anderen Landschaftsdenkmälern, die zu einem beliebten Ziel von Spaziergängern und Touristen geworden sind.

Denkmäler werden konzipiert, gestaltet und aufgestellt, um Aufmerksamkeit zu erheischen, zu verlängern und zu verstetigen. Das jedenfalls ist ihre Intention. Diesen ihren »Hauptberuf«, so Musil, »verfehlen Denkmäler immer«. (507)

> »Das Auffallendste an Denkmälern ist nämlich, daß man sie nicht bemerkt. Es gibt nichts auf der Welt, was so unsichtbar wäre wie Denkmäler. Sie werden doch zweifellos aufgestellt, um gesehen zu werden, ja, geradezu, um die Aufmerksamkeit zu erregen; aber gleichzeitig sind sie durch irgend etwas gegen Aufmerksamkeit imprägniert, und diese rinnt Wassertropfen-auf-Ölbezugartig an ihnen ab, ohne auch nur einen Augenblick stehen zu bleiben.« (506)

Musils These von der ›Unsichtbarkeit der Denkmäler‹ ist berühmt geworden. Diese Formel ist zu einem festen Topos geronnen. Weniger Interesse dagegen hat seine Argumentationsstrategie und Denkweise gefunden. Die ist in unserem Zusammenhang jedoch von besonderer Bedeutung. Nach Musil besteht die Paradoxie der Denkmäler nämlich darin, dass sie das Ziel, für das sie gemacht wurden, das Erinnern, nicht nur verfehlen, sondern das genaue Gegenteil bewirken, nämlich das Vergessen:

> »Sie verscheuchen geradezu das, was sie anziehen sollten. Man kann nicht sagen, wir bemerkten sie nicht; man müsste sagen, sie entmerken uns, sie entziehen sich unseren Sinnen: es ist eine durchaus positive, zur Tätigkeit neigende Eigenschaft von ihnen!« (507)

Um seinen Punkt zu präzisieren, entfaltet Musil die Gegenkraft der Denkmäler und bietet uns dafür ein reiches Vokabular für ›Vergessen Machen‹ an, darunter die schöne Neuschöpfung ›entmerken‹. Nicht nur aus diesem Grund ist sein Text eine wunderbare Quelle für eine Vergessenstheorie. Er enthält obendrein eine wichtige gestaltpsychologische Analyse dieses Vergessens, aus der er aktuelle Einsichten in die Ökonomie der Aufmerksamkeit ableitet.

Denkmäler, so Musil, sind gegen Aufmerksamkeit imprägniert, die »Wassertropfen-auf-Ölbezug-artig« an ihnen abrinnt. Diesen ›Teflon-‹ oder ›Lotus-Effekt‹ der Denkmäler, wie wir ihn heute nennen würden, erklärt Musil mithilfe gestaltpsychologischer Begriffe. Was in der Wahrnehmung der Lebenswelt als stabiles Inventar eingestuft wird, wird von Passanten, die möglichst direkt und schnell ihre Ziele erreichen und ihre Besorgungen erledigen wollen, automatisch dem ›Hintergrund‹ zugeordnet und damit ausgeblendet. Die menschliche Wahrnehmung wappnet sich gegen das diffuse Sinnesangebot in der Großstadt, indem sie innere Grenzen aufrichtet, die zwischen Figur und Grund, Wichtigem und Unwichtigem unterscheiden. Das Auge lernt durch Mustererkennung und Wahrnehmungsrahmen von allem abzusehen, was für das Funktionieren im Alltag nicht gebraucht wird. So sperrig die Denkmäler auch sein mögen, die selektive Wahrnehmung stuft sie automatisch zur ›Kulisse‹ herab: »Alles, was die Wände unseres Lebens bildet, sozusagen die Kulisse unseres Bewußtseins, verliert die Fähigkeit, in diesem Bewußtsein eine Rolle zu spielen.« (507) Von der Wahrnehmung wird automatisch ausgeblendet, was andauert und sich nicht bewegt. Das gilt idealtypisch für Denkmäler, aber es betrifft auch »Bilder, die wir an die Wand hängen, [sie] werden binnen wenigen Tagen von der Wand aufgesogen«. (507)

Musils satirischer Text ist ein durchaus ernst zu nehmender Beitrag über die Veränderung von Wahrnehmungskonventionen in der modernen Großstadt. Er schreibt aus einem neuen »Zeitalter des Lärms und der Bewegung« (508) heraus, in dem die Denkmäler eine entscheidende Konkurrenz bekommen haben in der »zeitgenössische(n) Entwicklung des Anzeigenwesens«. Die Beschleunigung durch motorisierten Verkehr sowie immer schrillere Formen der Werbung sind zu bestimmenden Elementen der Großstadterfahrung geworden, mit denen wir bis heute leben und die inzwischen auch den Wahrnehmungsraum des Internets bestimmen. In diesem Wettbewerb der Signale, so Musil, müssen die Denkmäler unterliegen, weil sie mit einer obsoleten Technik der Aufmerksamkeitserregung ausgestattet sind. Die Monumentalität farbloser Steine kann sich allein kraft purer Größe und Dauer nicht mehr ins Gedächtnis einschreiben, seit die Werbestrategen der Konsumindustrie so viel effektivere Techniken erfunden haben, die Blicke einzufangen und die Sinne zu stimulieren: »Weshalb drehen sich die Figuren einer Marmorgruppe nicht umeinander, wie es bessere Figuren in den Geschäftsauslagen tun, oder klappen wenigstens die Augen auf und zu?« (508) Das andächtige Innehalten, zu dem das Denkmal aufforderte, ist im Stadtbild der pulsierenden modernen Großstadt gänzlich anachronistisch geworden und von der marktschreierischen Werbung verdrängt worden, die die Aufmerksamkeit der Passanten mit viel effektiveren Mitteln in ihren Bann zieht. Während Denkmäler stumm und starr stehen, blind in die Ferne sehen und keinen Schritt nach vorne machen, brandet das Leben um sie weiter, ohne von ihnen Notiz zu nehmen. Am Ende seines Textes kommt Musil zu dem Schluss, dass bei den Stiftern von Denkmälern nicht nur Dummheit und Unvermögen am Werk sein können, sondern auch Bosheit mit im Spiel sein muss: Da man den großen Männern »im Leben nicht mehr schaden kann, stürzt man sie gleichsam mit einem Gedenkstein um den Hals, ins Meer des Vergessens«. (509)

Musil prangerte aus einer Modernisierungsperspektive die Rückständigkeit der Denkmäler an, die obendrein »einen wider unsere Natur gerichteten Anspruch an uns stellen«. (508) Sie hätten sich einem ganz anderen Anspruch, nämlich dem Fortschritt zu stellen. Dieser müsse auch für Denkmäler gelten: auch sie »sollten sich heute, wie wir es alle tun müssen, etwas mehr anstrengen! Ruhig am Wege stehen und sich Blicke schenken lassen, könnte jeder; wir dürfen heute von einem Monument mehr verlangen.« (508)

Musil blendet in seiner Reflexion über Denkmäler die Dimension des kulturellen, politischen und sozialen ›Handelns an Denkmälern‹ vollständig aus. Denkmäler sind aber komplexere Gebilde, deren Wirkung über ihre materielle Gestalt hinausgeht. Dieses Handeln beschränkt sich nicht auf die Einweihung eines Denkmals, die als ein einmaliger historischer Akt nur kurzfristig im sozialen Gedächtnis bleibt, sondern auch auf die Riten, die an einem Denkmal im Rahmen von Jahrestagen periodisch vollzogen werden. Denkmäler sind aus der Perspektive des kulturellen Gedächtnisses (ein Begriff, den Musil als Modernisierungstheoretiker sicher abgelehnt hätte) ›Sicherungsformen der Dauer‹, die oft mit ›Sicherungsformen der Wiederholung‹, das sind kulturelle Praktiken an Geburtstagen, Jubiläen und historischen Gedenktagen, verknüpft werden. Sie sind also nicht nur Fossilien einer abgelebten Zeit und Relikte einer fremd gewordenen Kultur, die anachronistisch noch in die Gegenwart ragen, sondern bieten auch Bühnen für neue Inszenierungen. Mit Blumen, Kränzen und Reden können Denkmäler immer wieder aus ihrem Dornröschenschlaf des Vergessens herausgerissen und zu einem Kristallisationspunkt der Aufmerksamkeit gemacht werden. Ein solcher Akt zelebrierten Erinnerns ist zwar kurz, punktuell, vergänglich und ephemer, aber er verweist doch deutlich auf jene unsichtbaren Stränge, die manche Denkmäler noch mit dem Leben einer Stadt und dem Gedächtnis ihrer Bewohner verbinden.

Was Musil auch nicht im Blick hatte, als er 1927 seine Reflexion über Denkmale schrieb, war die Erfahrung, dass Denkmäler nicht nur die Heroen, die sie verkörpern, ins Vergessen stürzen, sondern dass sie auch selbst nach politischen Systemwechseln gestürmt, demoliert, abmontiert, entsorgt und ins Vergessen gestürzt werden. Wenn eine Gesellschaft im Begriff ist, von einem politischen System auf ein anderes umzustellen oder ihre ideologischen und normativen Grundlagen zu verändern, wird es für die Bewohner einer Stadt zunehmend unerträglich, sich weiterhin mit der Verherrlichung von Werten konfrontiert zu sehen, von denen man sich soeben distanziert hat und die man nun im Vollzug eines radikalen Neubeginns möglichst rasch hinter sich lassen möchte. Das Ergebnis dieses Impulses ist der wohlbekannte Bildersturm, den wir nach dem Sturz der Sowjetunion in vielen postsozialistischen Gesellschaften erlebt haben. In abrupte Ungnade fielen in den ehemaligen Ostblockstaaten nicht nur die Machthaber, sondern mit ihnen auch ihre historischen Vorbilder und Identifikationsfiguren, deren Denkmäler als symbolische Stützen des Regimes prominent sichtbar in der Stadt verteilt waren. Marx- und Lenin-Statuen stürzten von ihren Sockeln, Straßen und Plätze wurden nach 1989 umbenannt.

Ganz so einfach ist es mit der flächendeckenden Ersetzung und Erneuerung jedoch nicht, denn Denkmäler aus Stein sind auch hoch sensible Objekte, die ihre Anziehungskraft über politische Grenzen und Regimewechsel hinweg behalten und schwer zu kontrollieren sind. Das gilt insbesondere, wenn sie mit einem Totengedenken verbunden sind. Ein Beispiel dafür ist das sowjetische Ehrenmal im Treptower Park in Berlin, das 1949 zu Beginn des Kalten Krieges errichtet wurde. Es ehrt 80.000 Soldaten der Roten Armee, die 1945 im Endkampf um Berlin gefallen sind. Gleichzeitig ist der Ort auch ein Soldatenfriedhof, auf dem 7000 russische Soldaten begraben sind. Nach der deutschen Wiedervereinigung verpflichtete sich die Bundesrepublik gegenüber der russischen Föderation der Kriegsgräberfürsorge, den Bestand der Anlage dauerhaft zu gewährleisten, zu unterhalten und zu reparieren. Seit 1995 finden hier jährlich am 9. Mai Veranstaltungen zum Kriegsende statt, zu denen sich sehr unterschiedliche Gruppen einfinden. 2015, 70 Jahre nach Kriegsende haben sich am Treptower Ehrenmal 10.000 Menschen versammelt. Die aktive Phase dieses Denkmals ist also keineswegs abgelaufen; es hat nicht nur eine Geschichte hinter sich, sondern auch noch eine Geschichte vor sich, denn es könnte in der Gestaltung der russisch-deutschen Beziehungen noch eine Rolle spielen. Vorerst wird dieser Ort aber nicht von der politischen Spitze bespielt; Angela Merkel und Wladimir Putin haben am 9. Mai 2015, dem 70. Jahrestag des Kriegsendes gemeinsam der Opfer des Zweiten Weltkriegs in Moskau gedacht und dort am Grabmal des Unbekannten Soldaten ihre Kränze niedergelegt.

Aljoscha

Denkmäler sind Immobilien und somit ortsfest. Das ist trivial, aber Musil hat ihnen tatsächlich ihre Starrheit und mangelnde Mobilität vorgeworfen: »Die Fahne flattert, und es geht kein Wind. Das Schwert ist gezückt, und niemand fürchtet sich davor. Der Arm weist gebieterisch vorwärts, aber kein Mensch denkt daran, ihm zu folgen. Selbst das Pferd, das sich mit sprühenden Nüstern zum

Die Bronzestatue des Rotarmisten Aljoscha symbolisierte seit dem Ende des Zweiten Weltkriegs den sowjetischen Sieg über den Faschismus in der estnischen Hauptstadt Tallin. Im April 2007 wurde er aus dem Zentrum der Stadt auf einen Militärfriedhof verlegt, was den russischen Teil der Bevölkerung brüskierte. (Foto: Aleida Assmann)

Sprung erhoben hat, bleibt auf den Hinterhufen stehen. [...] Denkmalsfiguren machen keinen Schritt.« (507-508) Es gibt ein Denkmal, das in dem Moment seine volle Sichtbarkeit zurückgewann, als es in Bewegung gesetzt und an einen anderen Ort versetzt wurde. Ich denke an das Bronzedenkmal des russischen Soldaten Aljoscha, der ebenso wie das Denkmal in Treptow an den Sieg der Roten Armee über Nazi-Deutschland erinnert, und 2007 aus dem Zentrum der Stadt Tallin auf einen Ruheplatz in einem Soldatenfriedhof am Rande der Stadt versetzt wurde.

Dort überblickt er mit gesenktem Kopf fern ab vom Leben der Stadt die Gräber gefallener russischer Soldaten. Die Bevölkerung dieser Stadt ist gemischt: 30% Russen leben hier, 40% sprechen Russisch als ihre Muttersprache. Kein Wunder also, dass das Verschwinden von Aljoscha aus dem Mittelpunkt der Lebenden und seine Überführung in den Raum der Toten in der russischen Bevölkerung dieser Stadt für einen erheblichen Aufruhr gesorgt hat. Die Bewegung der Statue hat jedenfalls gezeigt, dass sie noch mit starken unsichtbaren Strängen im Bewusstsein der Bevölkerung verankert war. Ihre Versetzung, die einen großen Skandal auslöste und bleibende diplomatische Verstimmungen nach sich zog, erwies sich als ein Mittel, um ihren anhaltenden affektiven Wert und ihre aktuelle politische Botschaft zu testen. Die Statue, die in unmittelbarer Nähe eines Museums gestanden hatte, das die estnische Leidensgeschichte durch sowjetische Okkupation erzählt, war vielen Esten zu einem unerträglichen Stein des Anstoßes geworden; die russischen Bewohner der Stadt dagegen identifizierten sich jetzt erst recht mit dieser Figur. Denkmäler erheben, wie Musil gezeigt hat, einen völlig unrealistischen Anspruch auf Ewigkeit. Im Falle von Aljoscha hat man die Ewigkeit dieses Denkmals im Leben der Stadt durch die Ewigkeit des Friedhofs ersetzt. Denkmäler sind also nicht ganz so harmlos, wie Musil annahm. Sie können auch Störenfriede sein, politisch untragbar werden und Stoff für gesellschaftliche Skandale und Kontroversen bieten. So oder so ist ihnen dann die Aufmerksamkeit sicher.

Bei Denkmal-Stürzen bleiben in der Regel die Sockel stehen, weil diese wieder gebraucht werden für diejenigen, die man nach politischem Systemwechsel aus der Verbannung und Vergessenheit befreien und in die öffentliche Anerkennung und Bekanntheit zurückholen möchte. Die politische Neuorientierung der konstruktiven Form des Vergessens im Sinne eines Neubeginns (6) erzwingt eine klare Entscheidung im Für und Wider, was dazu führt, dass das neue System das ältere flächendeckend ersetzt. Das Problem ist dabei, dass mit der lückenlosen Bereinigung und Begradigung der abgewählten Vergangenheit auch die historischen Spuren gleich mitgelöscht werden. Erinnern und Vergessen stehen sich aber in konkreten Situationen selten in dieser Reinheit einer gegenseitigen Ausschließlichkeit gegenüber. Die Formen des Vergessens umfassen ein breiteres Spektrum von Abtönungen. Neben schwarz und weiß gibt es auch Zwischenstufen und Grautöne. Als eine solche Zwischenstufe möchte ich das ›historische Erinnern‹ bezeichnen, das auf halbem Wege zwischen Erinnern und Vergessen anzusetzen ist. Im öffentlichen Raum können wir deshalb mindestens drei Optionen unterscheiden:

- das negierende Vergessen: die Abräumung von Denkmälern (›historischer Exorzismus‹)
- das affirmative Erinnern: die Neuaufstellung von Denkmälern und
- das historische Erinnern: die Rückstufung, Umdeutung, Kontextualisierung und Musealisierung von Denkmälern.

Fragen des affirmativen Erinnerns und negierenden Vergessens sind wiederholt behandelt worden, angefangen mit Orwells radikalen Thesen in seinem Roman *1984* zur Abschaffung von Geschichte und zur Herstellung einer *tabula rasa* als Projektionsfläche für gegenwartskonforme Vergangenheitsmanipulationen. Die flächendeckende Erneuerung der politischen Symbolsprache ist jedoch eher der Ausnahmefall. Oft bestehen Denkmäler im öffentlichen Raum einfach fort, erstens, weil es gar nicht so einfach ist, sie alle abzutragen, wenn ihre historische Stunde abgelaufen ist, und zweitens, weil sie oft so sehr zum Teil des *built environment* geworden sind, dass sie allmählich zum festen, unverlierbaren Bestand des Stadtbildes gehören. Die Ablagerung historischer Zeitschichten ist im

Denkmalpark in Moskau. (Foto: Aleida Assmann)

Stadtbild eher die Regel als die Ausnahme. Selbst in der sozialistischen DDR wurden nicht alle Reiterstandbilder früherer Epochen vom Sockel gerissen, nur weil sie Ausdruck einer feudalen Politik waren.

Neben der Alternative von Affirmation und Negation bzw. Errichten und Abreißen von Denkmälern gibt es also noch einen dritten Weg: die Aneignung durch Historisierung. Die meisten Denkmäler früherer Epochen müssen gar nicht vom Sockel gestoßen werden, weil sie einem schleichenden Prozess der Historisierung unterliegen. Sie dürfen bleiben, weil sie nicht mehr primär als Träger spezifischer politischer Botschaften wahrgenommen werden, sondern selbst als allgemeine Verkörperungen von ›Geschichte‹. Da der Bruch mit den von ihnen verkörperten Werten und Zielen längst vollzogen wurde, tun sie der Gegenwart keinen Abbruch mehr, weshalb sie auch nicht mehr beseitigt werden müssen. In dem Maße, wie ihr affirmativer Identifikationswert verfallen ist, ist ihr historischer Identitätswert gestiegen. Auf eine nicht kompromittierende Weise verkünden sie Botschaften aus einer anderen Welt und sind geschätzt als nostalgische Relikte einer glorreichen Vergangenheit oder als pittoreske Versatzstücke im Palimpsest des Stadtbildes.

Nach der Wende ist viel Bewegung in die Denkmäler postsowjetischer Staaten gekommen. Neben der verbreiteten Praxis, nach dem politischen Systemwechsel die früheren Helden einfach vom Sockel zu stürzen und sie materiell zu vernichten, entwickelte sich die alternative Praxis der Versetzung. Die Denkmäler wurden materiell bewahrt und wie Aljoscha an einen anderen Ort versetzt, der ihr politisches Potential entschärfte. In Moskau zum Beispiel vollzog sich der Denkmalsturz mit deutlich geringerem revolutionären Eifer. Der Chef des Geheimdienstes etwa, Dserschinski, stand noch bis Mitte der 1990er Jahre auf einem öffentlichen Platz in der Stadtmitte Moskaus. Inzwischen ist er stillschweigend ›pensioniert‹ worden; die Statue verbringt ihren Ruhestand in einem idyllischen Statuenpark in der Stadt.[2]

In Moskau war der neue Ort nicht ein Friedhof wie in Tallin, sondern ein Stadtpark; die Heroen, mit deren politischer Botschaft man nichts mehr anzufangen wusste, rückten an diesen neutralen Ort und in eine andere Zeitzone, die die störende Virulenz ihrer Botschaften aufweichte und entschärfte. Verben wie Aufweichen, Verdünnen, Entmonumentalisieren und Entschärfen umschreiben die kulturelle Praxis des intentionalen Vergessens. Obwohl der Park in Moskau ein realer Ort ist, existieren diese Denkmäler außerhalb von Raum und Zeit in der Distanz der Kunst und in der virtuellen Welt des Museums. Sie sind Gegen-

2 Feliks Edmundowitsch Dserschinski war der Chef der ersten Geheimpolizei Russlands (1917-1926). Aufgrund seines gnadenlosen Einsatzes im Ausmerzen konterrevolutionärer Kräfte wurde er als das »Schwert der Revolution« bezeichnet.

stand historischer Neugier und ästhetischer Verfremdung, nachdem sie als politische Denkmäler entpflichtet und in den Ruhestand versetzt wurden.

Dr. Karl Lueger

Wie wird unabhängig von einem politischen Systemwechsel entschieden, wann ein Denkmal historisch geworden ist? Unter welchen Umständen wird die Botschaft der Denkmäler problematisch und wie kann die Botschaft von der Statue getrennt werden, ohne diese selbst zu vernichten? Kompromittierende Botschaften bleiben so lange ungebrochen, wie sie vergessen, d.h. ins Unbewusste des Selbstverständlichen abgesenkt sind. Um ihre Geltung zu brechen, müssen sie explizit infrage gestellt werden. Für diesen Reflexionsprozess müssen sie aber zunächst wieder ins Scheinwerferlicht gesellschaftlicher Aufmerksamkeit zurückgeholt werden. In einem solchen Reflexionsprozess ist das Verhältnis dieser besonderen Vergangenheit zur Gegenwart neu zu klären. Es muss entschieden werden, und entscheiden heißt ja zugleich auch trennen, was vom Denkmal als Teil der eigenen Geschichte im öffentlichen Bewusstsein noch anerkannt werden kann und was dem eigenen Selbstbild der Gesellschaft und den Werten der Gegenwart explizit widerspricht und deshalb dementiert werden muss. Erinnern und Vergessen kreuzen sich an diesem Punkt, denn jede Handlung an einem Denkmal kann wie im Falle von Aljoscha dazu führen, dass das angestrebte Vergessen in aktualisiertes Erinnern umschlägt. Wir haben es hier mit jenem performativen Widerspruch zu tun, der nach Umberto Eco jeden Akt intentionalen Vergessens begleitet: man kann nicht Aufmerksamkeit auf das richten, was gleichzeitig der Aufmerksamkeit entzogen werden soll.

In diese letzte Kategorie von Denkmälern gehört das Standbild von Dr. Karl Lueger auf dem gleichnamigen Platz in Wien. Diese Stadt ist besonders reich an Denkmälern unterschiedlicher Epochen, wie Musil bereits feststellen konnte. Jeder Denkmalsetzer hatte das Ziel, seine Botschaft unsterblich zu machen und sie nachhaltig ins Gedächtnis der Gesellschaft einzuschreiben. Dieses Programm ist allerdings unrealistisch; es kann schon deshalb nicht eingelöst werden, weil ja die Aufmerksamkeitskapazität der Anwohner und Passanten radikal begrenzt ist. Denkmäler, die einst als imposante Träger von Botschaften errichtet wurden, verwandeln sich unweigerlich zurück von ›Figur‹ in ›Grund‹ und werden zur Kulisse. Als Teil des fraglos Gegebenen unterscheiden sie sich kaum noch von den Bäumen, die sie umgeben. Die Statue des ehemaligen Wiener Bürgermeisters Dr. Karl Lueger ist heute umrankt von ausladenden Ästen knorriger alter Platanen, die auf bestem Wege sind, dieses Denkmal in die Natur zurückzuholen. Die große Platane auf dem Lueger-Platz ist übrigens seit 1994 selbst als Wiener Naturdenkmal klassifiziert.

Wie Musil betonte, haben Denkmäler, nachdem sie einmal aufgestellt wurden, die Eigenschaft, stumm vor sich hinzudämmern und im Aufmerksamkeitsspektrum der Bürger meist nur noch als Ruheplatz, Wegmarke oder Treffpunkt wahrgenommen zu werden. Deshalb tendieren sie trotz ihrer großen Gesten und ihres ostentativen Pathos letztlich zur Unauffälligkeit. Ihre schiere Dauer und Unbeweglichkeit verleiht ihnen keine außergewöhnliche Aura, sondern das Gegenteil, nämlich Unsichtbarkeit. Diese Unsichtbarkeit des Denkmals wurde im Jahre 2009 jäh unterbrochen. Die Universität für angewandte Kunst Wien hatte einen Wettbewerb zur Umgestaltung des Denkmals zu einem »Mahnmal gegen Antisemitismus und Rassismus in Österreich« ausgeschrieben. Der Aufruf, sich diesen Platz anders vorzustellen, als er ist, hat erstmals viele Menschen zum Hinsehen angestoßen. Er war wie ein Weckruf im Herzen der Stadt. Bis April 2010 gingen über 150 Vorschläge ein. Aber nicht nur Künstler begannen sich mit der Person des ehemaligen Wiener Bürgermeisters auseinanderzusetzen, auch Politiker, Behörden, Stadträte und Bewohnerinnen der Stadt wurden in diesen Prozess mit einbezogen. Dr. Karl Lueger und sein Standbild wurden zum Gegenstand allgemeiner Diskussion und genauer Wahrnehmung. In einem Spiel der kreativen Imagination galt es, alternative Posen und Rahmungen für das Denkmal zu erfinden, was zu einer anhaltenden Debatte führte. Der Name, der in der Alltagskommunikation nicht viel mehr als einen Orientierungspunkt in der Stadt bezeichnet hatte, kam plötzlich aus der Geschichte zurück in die Gegenwart. Mithilfe von Wikipedia informierte man sich über Luegers Biographie, andere griffen zu dicken Büchern. In Blogs und auf Internetseiten wurde seine Person diskutiert. Lueger verwandelte sich damit von einem bloßen Namen zu einem Gegenstand öffentlichen Interesses und gegenseitiger Belehrung und Bewertung. Das Standbild wurde mithilfe der Debatten in der Gegenwart wiederbelebt.

Worum ging es genau bei dieser Debatte? Das Ziel der Debatte war die Neupositionierung des Lueger-Denkmals in der Geschichte und im Selbstbild der Stadt. Dafür musste es in diesem Fall nicht versetzt, wohl aber durch Rahmungen und Inszenierungen neu ins Bewusstsein gehoben werden. Es galt hier genauer zu klären und zu unterscheiden, was an dieser Statue zu einem unbestrittenen Teil der Wiener Stadtgeschichte geworden ist und was an ihr als problematische historische Last aufzuarbeiten ist. Der historische Lueger, Bürgermeister der Stadt Wien zwischen 1897 und 1910, hat durch seine großen Modernisierungsprojekte einen festen Ort im historischen Gedächtnis der Stadt. Aber nicht alles, wofür der Name ›Lueger‹ steht, kann in der Gegenwart noch affirmiert werden. Die Anerkennung seiner historischen Rolle als Modernisierer erfordert gleichzeitig die Absage gegenüber seiner antisemitischen politischen Haltung. Lueger gilt heute als ein früher Vertreter des Populismus. Darunter versteht man eine politische Strategie, die mithilfe von Feindbildern Bedrohungsgefühle in der Bevölkerung schürt, um Wählerstimmen für eine nationalistische Politik der Stärke zu mobilisieren. So betrachtet nahm das Denkmal problematische, ja gefährliche Züge an, die eine fortgesetzte affirmative Identifikation mit dieser Person verunmöglichten. Solange das *Denk*mal aber in seiner Stummheit verharrt, bleibt die affirmative Botschaft des Denkmals ungebrochen und es kann kein wirklicher *Denk*prozess in Gang gebracht werden. Genau das war das Ziel der Ausschreibung. Durch künstlerische Interventionen und Inszenierungen wurde Aufmerksamkeit auf das Denkmal gelenkt und dieses in die aktuellen Debatten der Gegenwart einbezogen.

Das aus seinem Tiefschlaf gerissene Lueger-Denkmal ist zum Gegenstand von Disputen und Debatten geworden, die das Selbstverständnis der Stadt und seiner Bürgerinnen unmittelbar betreffen. Wer die Errungenschaften von Luegers Regierungszeit retten will, muss sich heute explizit von diesem Teil seiner Person distanzieren, denn Schweigen bedeutet in diesem Fall nicht nur Duldung, sondern auch Anerkennung und Fortschreibung dieser problematischen Tradition. Dementieren aber bedeutet nicht demolieren. Die Distanzierung von Lueger sollte nicht zu einer Beseitigung seiner Statue führen, weil dann mit dem Stein des Anstoßes zugleich die Geschichte entsorgt worden wäre. Geschichte sollte im Stadtraum in heterogenen Schichten erhalten bleiben, um das historische Bewusstsein sowohl für Kontinuitäten als auch für Brüche zu schär-

Dr. Karl Lueger in Schieflage: der preisgekrönte aber noch nicht umgesetzte Entwurf des Künstlers Klemens Wihlidal sieht vor, Statue und Sockel um 3,5 Grad nach rechts zu neigen. Anstoß für diese Umgestaltung war ein Wettbewerb der Universität für Angewandte Kunst in Wien im Jahr 2009.[3]

fen. Der Bruch mit Lueger, der bisher aus Mangel an Information, Aufmerksamkeit und Interesse in der Wiener Bürgerschaft nicht vollzogen wurde, sollte nun durch ein symbolisches Zeichen sichtbar gemacht werden.

3 http://opencall.luegerplatz.com/einr.php?e=106&n=w; mit Dank an Martin Krenn.

Prämiert wurde der Umgestaltungsentwurf von Klemens Wihlidal, der vorsieht, Statue und Sockel um 3,5 Grad nach rechts zu neigen. Dieser Neigungswinkel befindet sich in einem Wahrnehmungsspektrum unterhalb der Schwelle des Offensichtlichen und oberhalb der gesicherten Normalität. Die geringfügige Verlagerung der Statue aus der Achse erzeugt eine subkutane Irritation, einen leichten Schwindel. Dieser leichte Schwindel entsendet das Signal, dass hier irgendetwas nicht stimmt mit dem Denkmal, mit Karl Lueger, und stößt Nachfragen an. Diese Verunsicherung stand auch im Zentrum der Entscheidung der Jury. Der Entwurf verdeutliche die Unsicherheit der Stadt Wien im Umgang mit ihrem ehemaligen Bürgermeister und zeige damit zugleich den aktuellen Stand der Diskussion auf. Die ›Schieflage‹ verweise auf den problematischen Umgang der Stadt Wien mit ihrer antisemitischen Vergangenheit. Durch den Eingriff werde der heroisch vertikale Charakter des Monuments gebrochen und der Mythos um Lueger als Vaterfigur Wiens hinterfragt.[4]

Das Kippen des Denkmals ist bislang nur ein Gedankenspiel, das noch nicht in die Tat umgesetzt wurde. Während diese Umsetzung noch auf sich warten lässt, geschah im April 2012 ohne lange Vorbereitungen etwas anderes. Im Zentrum der Stadt wurde der ›Dr. Karl Lueger Ring‹ in ›Universitätsring‹ umbenannt. Dieser Namenswechsel auf dem Stadtplan und im Stadtbild entbehrt nicht einer gewissen Ironie, denn das ehemalige Stadtoberhaupt war wissenschaftsfeindlich gesonnen und hatte Universitäten abschätzig als »Brutstätten der Religions- und Vaterlandslosigkeit« bezeichnet.

4 Wien News vom 19.4.2012, online unter: http://www.heute.at/news/oesterreich/wien/art23652,694316, zuletzt eingesehen am 15.4.2014.

Wenn er heute durch europäische Städte ginge, würde Musil staunen: Die Geschichte der Denkmäler hat einen tiefgreifenden Stilwandel von heroischen zu kritischen und reflexiven Darstellungsformen erfahren. In der gegenwärtigen künstlerischen Praxis ist die Gattung ›Denkmal‹ dabei selbstreflexiv geworden. Sie mahnt nicht nur und fordert Gedenken ein, sondern setzt sich mit den Paradoxien der Aufmerksamkeit auseinander und lädt dazu ein, auch über die Möglichkeiten und Grenzen von Denkmälern nachzudenken. Diese Entwicklung aber schließt durchaus an Musils Metadiskurs der Denkmäler an.

Lenin vergessen – über das Verschwinden von Denkmälern und Geschichtsdaten

Lenin-Denkmäler

Lenin-Denkmäler waren Teil des Alltags in den sowjetischen Staaten. Aus diesem Grund haben sie damals möglicherweise wenig Aufmerksamkeit auf sich gezogen. Das änderte sich aber mit ihrem Sturz nach der Wende, der Aufsehen erregt hat und in vielen Bildern und Filmen verewigt worden ist. Eine Lenin-Statue verschwand im burlesken Stil in der Wende-Komödie *Goodbye Lenin* von Wolfgang Becker (2003), wo sie an einem großen Kran hängend durch die Luft schwebte. Im elegisch meditativen Modus trieb einige Jahre zuvor in dem Film *Der Blick des Odysseus* von Theo Angelopoulous (1995) eine zerlegte Lenin-Statue auf einem Kahn durch das zerstörte Jugoslawien den Fluss hinunter in Richtung auf das Adriatische Meer.

Der Sturz der Lenin-Denkmäler nahm in der ehemaligen DDR und in post-sowjetischen Staaten verschiedene Formen an. 1970 hatte Lenin in Berlin-Friedrichshain eine 19 m hohe Granit-Skulptur zu seinem 100. Geburtstag erhalten. Die imposante Statue des russischen Künstlers Nikolai Tomski schmückte den neugebauten Leninplatz, der nach der Wende in ›Platz der Vereinten Nationen‹ umbenannt wurde. 1991 wurde der Abriss der Statue gegen eine Bürgerinitiative und Stimmen aus dem linken politischen Spektrum entschieden. Um die Statue von ihrem Sockel holen zu könnten, hatte man sie zuvor von einer Kulturerbe-Denkmal-Liste der DDR gestrichen. Ihre Beseitigung geschah als ein bürokratischer Akt in der peniblen Form von ›Rückbau‹ und ›Demontage‹: die kolossale Statue wurde in 129 Teile zerlegt und in den Müggelwald

Am ›Landsberger Platz‹ in Berlin, der 1950 in ›Leninplatz‹ umbenannt wurde und heute ›Platz der Vereinten Nationen‹ heißt, entstand 1970 zum 100. Geburtstag Lenins eine neue Bebauung mit einer monumentalen Leninstatue aus rotem Granit. Briefmarke der DDR von 1973.

bei Berlin-Köpenick transportiert, wo sie in einem Sandhügel vergraben wurde.

Ganz anders vollzog sich der Sturz des Lenin-Denkmals im Dezember 2013 in Kiew. Auf dem Höhepunkt der Maidan-Proteste wurde das Regierungsviertel besetzt; im Zuge dieser Demonstration wurde das 3,5 m hohe Lenin-Denkmal von Demonstranten gestürmt und vom Sockel gerissen. Die Bilder dieser öffentlichen symbolischen Exekution eines schlagkräftigen Symbols im politischen Zentrum der Macht gingen um die Welt. Im Gegensatz zur friedlichen Verlegung und Entsorgung des Lenin-Denkmals in Berlin, die nach dem politischen Systemwandel kamen und einen radikalen Neubeginn einleiten sollten, fand der Denkmalsturz in Kiew inmitten eines politischen Kampfes statt und war ein gewaltsamer Akt des politischen Ikonoklasmus. Dieser Akt ging weniger, wie sich bald zeigte, von den pro-europäischen Maidan-Demonstranten aus als von den antikommunistischen Nationalisten der Ukraine. Mit diesem symbolischen Zeichen sollte »das Ende der sowjetischen Besatzung« besiegelt werden, wie sich ein Vertreter der nationalistischen Swoboda-Partei ausdrückte. Jeder Denkmalsturz hinterlässt eine Leerstelle, die neu gefüllt werden muss. Welche Intentionen sich in einer solchen Umsturz-Situation durchsetzen und wer langfristig die Geschicke und Geschichte bestimmt, entscheidet sich oft erst nach längeren Zeitintervallen. Am Abend nach dem Sturz der Statue bot der leere Sockel des Denkmals die Zeichen einer offenen Zukunft: dort waren nebeneinander die Fahnen der Europäischen Union, der Ukraine und der nationalistischen »Ukrainischen Aufständischen Armee« aus dem Zweiten Weltkrieg zu sehen.

Denkmalsturz-Inszenierungen fallen sehr unterschiedlich aus. In Kiew nahm der Sturz des Denkmals die Form eines politischen Gewalt-Akts von hoher symbolischer Kraft an, dessen wirkmächtige Bilder im globalen Bildgedächtnis zirkulieren.[5] Diese Inszenierung war ein unmittelbarer Teil der revolutionären Bewegung selbst und diente als eine Waffe, um einen politischen Umsturz und Wertewandel zu forcieren. Ganz anders lag der Fall in Berlin, wo sich der sorgfältige Abbau des Lenin-Denkmals als eine Maßnahme darstellt, die auf einen bereits vollzogenen Bruch folgte. Wie im Theater ergibt sich auch in der Politik von Zeit zu Zeit der Bedarf eines Kulissenwechsels. Hier ging es darum, störende Requisiten zu beseitigen und

5 Sie haben das Zeug zu Schlagbildern (Michael Diers, *Schlagbilder. Zur politischen Ikonographie der Gegenwart*, Frankfurt a.M.: Fischer, 1997) und Schlüsselbildern (Gerhard Paul, *Das Jahrhundert der Bilder – 1900-1949*, Vandenhoeck & Ruprecht: Göttingen, 2009).

Das Lenindenkmal am Leninplatz in Berlin wurde 1991 demontiert, in Teile zerlegt und in einem Wald begraben. Der Kopf der Statue wurde nach 25 Jahren wieder ausgegraben und ist seit April 2016 in der Dauerausstellung ›Enthüllt. Berlin und seine Denkmäler‹ in der Zitadelle Spandau zu besichtigen.[6]

die Bühne für eine neue politische Ära umzubauen. Auf diese Weise verschwanden nach 1945 nationalsozialistische Symbole wie Hitlerbilder oder Hakenkreuze umgehend still und unauffällig aus dem öffentlichen Raum. Die politische Entsorgung von tabuisierten Botschaften und kontaminierten Relikten im Dienste eines politischen Neubeginns ist allerdings nicht ganz einfach und produziert kein vollständiges Vergessen. Vieles taucht aus dem öffentlichen Raum und Bewusstsein ab, um ganz woanders in Räumen des Unbewussten und Verdrängten wieder aufzutauchen, wie zum Beispiel NS-Devotionalien auf Trödelmärkten und rechtsradikale Parolen und Bekenntnisse im Internet.

Die Geschichte von Denkmälern spielt sich nicht nur in der Spanne zwischen Errichtung und Abbruch ab, sondern ist manchmal sehr viel länger, als man vermuten würde. So war das Schicksal der Berliner Lenin-Statue

6 dpa, aus: rbb24, Abendschau vom 27.4.2015, Beitrag von Heike Boldt-Schüler.

mit ihrem Begräbnis in der Seddinger Heide in Köpenick noch nicht besiegelt. Sie war zwar unter der Erde und unsichtbar geworden, spukte aber noch in den Köpfen und gab Anlass zu immer neuen Imaginationen und künstlerischen Projekten. 2003 schlug eine Bürgerinitiative vor, sie im Salzstock Gorleben endzulagern, 2005 machte sich Kultursenator Thomas Flierl Gedanken über eine museale Inszenierung des Denkmals, und 2009 entstand der Plan, den Lenin-Kopf auszugraben und zusammen mit anderen verworfenen und vergessenen Denkmälern in einem Museum in der Zitadelle-Spandau auszustellen. Dieser lange Plan der Leiterin des Kulturamts Spandau Andrea Theissen musste viele bürokratische Hürden überwinden, ehe er in der Dauerausstellung »Enthüllt. Berlin und seine Denkmäler« tatsächlich umgesetzt wurde. In der neu gestalteten historischen Festung kann man seit April 2016 entsorgte Denkmäler besichtigen, denen nach ihrem Leben auf öffentlichen Plätzen ein Nach-Leben im Museum geschenkt worden ist. Dort kann man zwischen König Friedrich Wilhelm III. und dem zur Ruhe gebetteten Lenin-Kopf die europäische Geschichte in der Gestalt ihrer versteinerten Heroen in Augenschein nehmen. Die Geschichte der Stadt wird in dieser Monumentalausstellung anhand von rund 100 Berliner Denkmälern erzählt, »die im Laufe der Zeit versetzt, umgestaltet, beschädigt, abgebaut und in Depots verbannt oder sogar vergraben wurden«. Erzählt wird dabei aber nicht nur die Geschichte der Stadt, sondern zugleich auch die der Denkmäler.[7]

7 Kritisch wird der Umgang mit Lenin kommentiert von Thomas Flierl, »Lenins Kopf. Zur Ausstellung ›Enthüllt. Berlin und seine Denkmäler‹«, in: *kunststadt/stadtkunst* 63/2016.

Von der transnationalen Sowjetunion zur russischen Nation

Lenin ist nicht nur in Denkmälern verkörpert, die nach der Wende demontiert und entsorgt wurden. Er ist auch ein zentraler historischer Akteur, der die Geschichte des 20. Jahrhunderts tief geprägt hat. Als Begründer der Kommunistischen Partei und Führer der Russischen Revolution ist er eine herausragende Figur, die man nicht so einfach aus der Geschichte eliminieren und vergessen kann. Die vielen postsowjetischen Denkmäler spiegeln ja überdeutlich diese zentrale Bedeutung von Lenin als Geschichtsheros, der mit seiner Ideologie und Revolution Geschichte geschrieben und damit das Leben von Millionen Menschen tiefgreifend beeinflusst, motiviert, geformt, gesteuert – und auch vernichtet hat. Nach der Wende hatten die post-sozialistischen Staaten das Bedürfnis, Lenin baldmöglichst zu vergessen, weshalb sie sich seiner Denkmäler entledigten.

Für Russland gestaltete sich das Projekt, Lenin zu vergessen, als sehr viel schwieriger, weil der Gedenkkalender dieses Landes auf das zentrale Datum der russischen Revolution von 1917 ausgerichtet war. Nach dem Zusammenbruch der Sowjetunion kam in der Phase der Perestroika auf Russland das tiefgreifende Problem der Umorientierung und Umwertung zu. Das Land musste sich neu erfinden; dafür musste es seinen tragenden Mythos loswerden und ihn durch etwas anderes ersetzen. Das ist fast so, als ob man den Motor im fahrenden Auto auswechselt.

Das erste Jahrzehnt nach der Perestroika wurde zu einer erstaunlich offenen Phase der Suche und des brainstorming in der Gesellschaft, in der neue Perspektiven auf die eigene Geschichte und die Zukunft entstanden. Doch dieses Zeitfenster des Umdenkens schloss sich bald wieder. Ein Signal für den neuen Kurs war eine Rede Putins im Jahre 2004, in der er den Zusammenbruch der Sowjetunion als »die größte geopolitische Katastrophe des 20. Jahrhunderts« bezeichnete. Das war bereits eine klare Kampfansage gegen die EU, in der er nicht nur den Nutznießer, sondern auch den Verursacher dieser skandalösen Macht-Verschiebung sah. Um verlorene Souveränität zurückzugewinnen, musste sich Russland fortan gegen die EU mit einem starken Schwerpunkt und neuen Allianzen behaupten.[8]

Nach Auflösung der Sowjetunion 1991 erlebte Russland einen weiteren tiefgreifenden Bruch der Staatsform: Auf das ehemalige Zarenreich und das kommunistische Regime folgte der Nationalstaat. Das erforderte einen vollständigen Umbau des politischen Systems, der Wirtschaftsordnung und der Gesellschaft und nicht zuletzt: des Gedächtnisses der Nation. Eine Nation im Sinne des 19. Jahrhunderts ist auf ein Bewusstsein ihrer Geschichte und eine Erzählung ihrer Herkunft gegründet. Im Zentrum steht eine von anderen Nationen unterschiedene eigene Identität, die sich in der Geschichte herausgebildet hat. Dafür (und für die Umstellung auf eine kapitalistische Wirtschaftsform) musste das bislang im Kern Verbindende und Allerheiligste des Sowjetstaatenbundes, das transnationale Bekenntnis zu Lenin und zur russischen Revolution, ausgelöscht und durch etwas anderes ersetzt werden. Das Auslöschen erwies sich dabei als einfacher als das Ersetzen. Statuen von Lenin konnten, wie wir gesehen haben, vom Sockel gestürzt oder vorsichtig demontiert werden; viele fanden Aufnahme in einem Park in Moskau, wo sie heute ihren entpolitisierten Ruhestand genießen (vgl.

8 Dazu gehört die Annexion der Krim und der Krieg gegen die Ukraine, sowie das Abwerben zentraleuropäischer Staaten wie Ungarn, mit deren rechtspopulistischen Regimen neue wirtschaftliche Abkommen getroffen werden. Auf diese Weise wird die sog. ›Osterweiterung‹ von Putin nun Schritt für Schritt wieder abgebaut und der Plan einer Eurasischen Union geschmiedet.

S. 79, Bild von Moskaus Stautenpark). Die Oktoberrevolution von 1917, die aufgrund einer Kalenderverschiebung am 7. November gefeiert wurde, war das wichtigste Ereignis der Sowjetunion, das als »Sternstunde der Menschheit und Morgenröte einer neuen Zeit« gerühmt wurde. Dieses Ereignis musste nun von einem Tag auf den anderen aus den Annalen gestrichen werden. Dafür reichte die Umschreibung der Geschichte nicht aus, in der Putins Historiker die Revolution relativierten und zu einem »Staatsstreich« verkleinerten. Auch der russische Jubiläums- und Festkalender musste umgeschrieben werden. Das bedeutete: der wichtigste und populärste Feiertag des Landes musste verschwinden.

Das ist leichter gesagt als getan, denn ein Volk, das sich über acht Jahrzehnte an einen freien Tag im November gewöhnt hat, wird diesen nicht so leicht wieder aufgeben. Putin schickte deshalb seine Historiker in die Archive, um ein Ereignis in der Geschichte Russlands zu finden, das im November stattgefunden hat und an seine Stelle treten konnte. Sie stellten fest, dass es seit dem 17. Jahrhundert einen Feiertag gegeben hatte, der 1918 dem neuen Feiertag der Revolution weichen musste. An diesen alten Feiertag, der sich auf einen russisch-polnischen Krieg im Jahre 1612 bezieht, konnten sich die Historiker kaum noch erinnern, und schon gar nicht die Bevölkerung, die dazu bis heute keinerlei Bezug hat. Dennoch wurde er 2005 als Ersatz für die Russische Revolution wieder eingeführt, zusammen mit einem neuen Denkmal auf dem Roten Platz. Das, worum es an diesem Tag geht, ist in diesem Fall aber weniger wichtig als das *wann*; entscheidend war, dass der neue freie Tag der ›Einheit des Volkes‹ im November die Lücke des vertrauten alten Revolutions-Feiertags ausfüllt.[9]

9 Jutta Scherrer, Russlands neue-alte Erinnerungsorte, *Aus Politik und Zeitgeschichte*, Bundeszentrale für politische Bildung (10. 3. 2006).

Für den Aufbau eines nationalen Gedächtnisses lieferte der neue Feiertag ein passendes Datum, aber keinen passenden Inhalt. Der zentrale Inhalt der neuen russischen Nation ist der neue Mythos Stalin, der vollständig von seiner Beziehung zur Revolution abgelöst wurde und als Sieger im ›Großen Vaterländischen Krieg‹ über Hitler gefeiert wird. Die Verbrechen seines Regimes kommen in diesem Stalin-Mythos nicht mehr vor. Dass den von seiner Politik ausgelösten Hungersnöten und seinen politischen Säuberungen Millionen Menschen zum Opfer fielen, hat keinen Ort im nationalen Gedächtnis Russlands.[10] Wenn von diesen Toten überhaupt die Rede ist, werden sie als ›Märtyrer der Modernisierung‹ bezeichnet – als Kollateralschaden des segensreichen Fortschritts sozusagen. Dasselbe gilt für die Millionen Opfer, die nach Sibirien deportiert wurden. Diese Opfer des Gulag sind dem Vergessen anheimgegeben und haben ebenfalls keinen Platz im neuen nationalen Gedächtnis Russlands. Keine Denkmäler, keine Tafeln im öffentlichen Raum verweisen auf ihre Geschichte. Diese hat ihren Ort in einem Gegengedächtnis gefunden, der NGO Memorial, die das Archiv dieser staatenlos gewordenen Erinnerung hütet.[11]

10 Während der Stalinschen Säuberungen sind auch 24 Millionen Bücher verbrannt worden. Es wäre sicher lohnend, einmal die Bücherverbrennungen Stalins mit denen Hitlers zu vergleichen.

11 Nach einer kurzen Phase der Anerkennung unter Gorbatschow hat man in Russland dieses Verbrechen wieder aus dem historischen Gedächtnis getilgt. Anders als die jüdischen Opfer haben die Opfer des Stalinismus, die massenhaft deportiert, gefoltert, durch Zwangsarbeit ausgebeutet und ermordet wurden, noch keine Anerkennung in einem gemeinsamen europäischen Gedächtnis erfahren. Trotz Solschenizyn und anderer Berichte und Darstellungen blieben diese Erinnerungen weitgehend auf die Opfer selbst, ihre Familien und kleine Gruppen beschränkt. Der Hüter dieses Gedächtnisses ist das Netzwerk *Memorial*, eine NGO, die im heutigen Russland zunehmend unter Druck gerät und Repressalien ausgesetzt ist.

Mit dem Übergang von einer transnationalen Union zu einer Nation hat sich in Russland der heilige Identitätskern von Lenin auf Stalin verlagert. Der Inbegriff dieses Zentrums, das heute ›die Einheit der Nation‹ in Russland verbürgt, ist nicht der neue Gedenktag des 4. November (1612), sondern der alte Gedenktag des 9. Mai (1945), mit dem das Datum der Russischen Revolution, der 7. November, sehr viel effektiver überschrieben wird. An diesem Tag wird überall in Russland der Sieg Stalins über Nazi-Deutschland gefeiert. Die Form dieser Feier ist die große Militärparade in Moskau mit schwerem Kriegsgerät und Aufmärschen, Fahnen und Orden. Während in den 1990er Jahren diese Erinnerung allmählich abzuflauen begann mit dem Effekt, dass der Staat junge Menschen als Statisten für die jubelnde Menge anheuern musste, befindet sich diese Erinnerung seit einigen Jahren in einem steilen Aufwind. Hier vollzieht sich gerade etwas Bemerkenswertes: Zu dem Zeitpunkt, wo das lebendige Erfahrungsgedächtnis an das Jahr 1945 immer schütterer wird und abzubrechen droht, weil die beteiligten Jahrgänge allmählich aus der Gesellschaft herausfallen, rücken die nachfolgenden Generationen nach und nehmen diese Erinnerung immer leidenschaftlicher in ihre Hand. In dieser sozial produzierten Erneuerung des 9.-Mai-Gedächtnisses geht die Erinnerung von den Überlebenden auf ihre Kinder und Kindeskinder über, die diese Erinnerung in einem Akt der Aneignung und generationellen Übertragung als ihre eigene annehmen. Von Lenin und der Roten Revolution ist im russischen nationalen Gedächtnis nichts übrig geblieben, aber der Stolz auf die Rote Armee und Stalins Sieg über Hitler ergreift die gesamte russische Bevölkerung in einer Hochstimmung. Bisher standen bei den 9.-Mai-Feiern die hochdekorierten Veteraninnen und Veteranen im Mittelpunkt. Inzwischen kommen auch die Nachkommen mit ins Bild, die im Gedenkzug mitmarschieren und dabei die Fotos ihrer verstorbenen Väter und Verwandten hochhalten zum Beweis, dass sie nun in deren Fußstapfen gehen. In diesem ›immortal regiment‹ verwandelt sich die körperliche Erinnerung der historischen Akteure in ein nationales Langzeitgedächtnis. Die Gründe für die neue überwältigende Resonanz dieses Gedenktags liegen auf der Hand: Erstens hat die neue Nation hier ihren zentralen Bezugspunkt und heiligen Kern in einem heroischen Siegergedächtnis gefunden, das andere, ebenfalls mit Stalin verbundene problematische Erinnerungen an Verbrechen der Verfolgung und Vernichtung überdecken und überstrahlen kann. Und zweitens handelt es sich beim 9. Mai um den einzig kontinuierlichen Gedenktag, den die heutige russische Nation ungebrochen aus der Sowjetunion übernehmen und weiterpflegen kann. Nach dem Verlust des zentralen Gedenktermins der Russischen Revolution und der damit verbundenen Desorientierung durch den radikalen Umbau der Gedächtnislandschaft ist auf diese Erinnerung umso mehr Verlass.

Leninlend

1987 wurde in der kleinen Stadt Gorki an Lenins Sterbeort 35 km südlich von Moskau ein Lenin-Museum eingerichtet. Lenin hatte sich dort als Rückzugsmöglichkeit einen Herrensitz erworben und an diesem Ort die letzten Jahre seiner Krankheit verbracht. Dieses Museum ist eine Farce der Geschichte: Fünf Jahre nach seiner Gründung war es bereits überholt. Umso interessanter ist jedoch seine merkwürdige Existenz als ein Ort der heroischen Erinnerung an Lenin in einem Land, das Lenin aus den Annalen gestrichen hat. Es gibt einen Dokumentarfilm mit dem Titel ›Leninlend‹ (2013), der die seltsame Geschichte dieses Museums als Ort zwischen Erinnern und Vergessen, als Gegengedächtnis und Erinnerungsenklave erzählt. Der Regisseur Askold Kurov hat mehrere Jahre an diesem Museum gearbeitet, sodass er in der Lage war, eindrucksvolle Innenansichten aus diesem Museums-Alltag zu vermitteln.

Man lernt das Museum kennen, das in seiner Architektur, seinem Stil und seinen Ritualen etwas festhält, was es in Russland nach der Streichung Lenins aus dem nationalen Gedächtnis so eigentlich gar nicht mehr geben dürfte: das Phänomen des Lenin-Kults, der ja inzwischen durch den Stalin-Kult überschrieben worden ist. Die Angestellten und Besucher des Lenin-Museums zeigen eindrücklich die Widersprüche und Verwerfungen, die nach einem politischen Systemwechsel entstehen. Nicht alles lässt sich umgehend entsorgen oder an die neuen Verhältnisse anpassen. Schon die Kultur-Bürokratie, die das Museum eingerichtet hat, erweist sich als ein träges Beharrungsmoment; ihre Mühlen mahlen langsam und können nicht situationsadäquat auf plötzliche Veränderungen reagieren. Da es hier anders als in den meisten Sowjetstaaten Europas zu keinem Transitions-Prozess des formalen Umbaus des Systems kam, entstand eine paradoxe Situation, die man als ›Gleichzeitigkeit des Ungleichzeitigen‹ beschreiben kann: Die alte Sowjetunion lebt weiter, die Vergangenheit bleibt Gegenwart in den Räumen dieses Museums. Anderswo zeigen historische Museen eine Vergangenheit als Vergangenheit; hier lebte sie einfach weiter. Der Film zeigt überdies sehr anschaulich, dass es nicht leicht ist, ein Kernstück ehemaliger Identität, das inzwischen funktionslos geworden ist, einfach durchzustreichen, abzuschaffen, zu ersetzen und endgültig zu vergessen.

Tatsächlich ist das Lenin-Museum, wie der Film es dokumentiert, mehreres auf einmal:

– ein extraterritoriales Relikt der alten Sowjetunion,
– ein historisches Dokument der Kanonisierung Lenins,

- eine Bühne des noch praktizierten Lenin-Kults,
- der Ort eines Gegengedächtnisses,
- ein Ort der Evidenz als materieller Beweis, dass es die vergessene Revolution gab
- ein Ort der Reflexion, wo sich Vergangenheit und Gegenwart begegnen

Über dieses Museum ist die Zeit hinweggegangen. Aber es ist nicht einfach obsolet und museal geworden, denn es versteht sich zugleich auch als Ort des ideologischen Kampfes, wo gegen den neuen Zeitgeist noch etwas lebendig geblieben ist und dieses Leben mit persönlichem Engagement bewahrt wird. »Keeping the flame alive!« lautet das Stichwort. Die Angehörigen des Museums sind Hüter eines Feuers, das noch nicht erloschen ist und nicht erlöschen darf. Wie in einem Kloster arbeitet hier eine radikale Minderheit, die stellvertretend für die Gesellschaft die Ideale erneuert und ihren Glauben im Versteck weiter praktiziert und regeneriert. Was überall und außen vergessen ist, das lebt hier innen weiter. Die Fahnenappelle und Einschwörungen der Jugendlichen wirken ungelenk und verstaubt, aber auch sie sind noch gelebte Praxis und nicht schon museale Repräsentation einer Vergangenheit im Sinne eines historischen re-enactment. Der alte Kamerad souffliert dem jungen die Worte des Fahneneids – das ist nicht nur komisch oder skurril, sondern auch eine anschauliche Form der Übergabe der Tradition und ihrer Losungen von einer Generation an die andere.

Der Film präsentiert die Eingangshalle des Museums als einen Tempel mit der Statue Lenins in der Mitte, die mit ihrem weiten Mantel die Assoziationen von männlichem Erlöser und weiblicher Schutzmacht vereinigt. In Mantel und Vorhängen dominiert die heilige Farbe Rot, der Kubus und die ägyptisierenden Säulen erinnern an Philae und sind Symbole der Ewigkeit. Die schneeweiße Marmorstatue ist Gegenstand unterschiedlicher kultureller Praktiken: der Anbetung, der Verehrung, des Gesprächs und der Reinigung mit dem Staubwedel. Lenin ist an diesem heiligen Ort zugleich das Höchste und das Vertrauteste; er ist fern und nah, wie immer man ihn sich wünscht. Für die treuen Besucher ist das Museum nicht nur ein Ort des Gegengedächtnisses, sondern auch ein Ort der Nostalgie für ehemalige Pioniere. Wer in der Sowjetunion aufwuchs, kann als Vergangenheitstourist in diesem Museum seine alten Gefühle wiederfinden und sie noch einmal aufwärmen.

Der Film zeigt auch die Differenz zwischen Lenin-Museum und Lenin-Landhaus. Diese Räume, die einen Bezug zur historischen Person Lenins herstellen, haben eine ganz andere Funktion. Mit dieser historischen Person hatte man in der Sowjetunion nichts zu tun, nur mit der politischen Ikone. Deshalb erweist sich die Arbeit an der Präsentation dieser Räume auch als ungleich schwieriger. Mit diesem Aspekt der Erstarrung, des Fremdwerdens und des Vergangenseins hat der junge Fremdenführer beim Auswendiglernen seines Textes zu kämpfen. Die Totenmaske und die Gipshände haben keine Ausstrahlung mehr; sie sind eher museale Objekte als die Vergewisserung einer ewigen Flamme.

Auch die Umgebung des Museums entgeht nicht dem Wandel der Zeit. Man sieht im Film, wie direkt neben dem Lenin-Tempel der Grundstein einer orthodoxen Kirche gelegt wird. Was sich zu Sowjetzeiten grundsätzlich ausgeschlossen hatte, besteht nun friedlich nebeneinander. Da sich der Kommunismus ja selbst als eine säkulare Heilslehre mit einem eigenen Kult verstanden hatte, gab es für die Religion in der Sowjetunion keinen Platz. Sie wurde verboten, die Mönche wurden verfolgt, ihre Klöster und

Kirchen geschlossen oder wie die Christ-Erlöser-Kirche in Moskau abgerissen, die einem großen Stalin-Komplex weichen sollte. Zu Lenins Zeiten hat man den Kult des christlichen Gottes zum Überbleibsel einer alten, dunklen Zeit erklärt. Jetzt ist Lenin in dieses dunkle Zeitalter eingetreten, junge Menschen sind im Begriff, diese Ikone zu vergessen. Aber ganz vergessen ist er noch nicht: »Great men«, so äußert sich die enthusiastische Kustodin des Museums, »do not disappear; they go to heaven and do their work!«

Im alten Ägypten unterschieden sich die Pharaonen vom Rest der Bevölkerung darin, dass sie nicht ins Totenreich hinab-, sondern zum Himmel aufstiegen. Auch die Helden verschwinden nicht, aber dass sie zum Himmel aufsteigen, gilt nicht für Lenin. Sein Körper ist nach dem Tod weder auf- noch abgestiegen, sondern ruht im Lenin-Mausoleum an der Kreml-Mauer in Moskau in einem beleuchteten Glassarg. Hier kann man ihm weiterhin, wenn man beträchtliche Wartezeiten in Kauf nimmt, einen Besuch abstatten. Es war Stalin, der nach Lenins Tod im Jahre 1924 beschloss, den Körper des Verstorbenen für die Nachwelt durch Mumifizierung zu erhalten. Das entsprach keineswegs dem Wunsch der Witwe, die sich gegen diesen Plan aber nicht durchsetzen konnte. Die Mumifizierung Lenins wurde das Zentrum eines politischen Personen-Kults. Der Sowjetstaat platzierte diese Ganzkörperreliquie als sein Allerheiligstes am hochsymbolischen Ort des Roten Platzes in der Weise, dass der Ort die Reliquie und die Reliquie den Ort heiligte. Die abgeschaffte Religion wurde im radikal säkularisierten politischen System durch eine neue Form des Heiligen ersetzt, die zum Ziel von Wallfahrten von Tausenden und Abertausenden wurde. Die Kanonisierung des Führers der Revolution nicht nur durch die Verbreitung seiner Schriften, sondern auch durch seinen Körper entsprach dem materialistischen ›Geist‹ der politischen Ideologie. In Russland hatten viele Gelehrte in den ersten Jahrzehnten des 20. Jahrhunderts Versuche unternommen, die Unsterblichkeit des ›neuen sowjetischen Menschen‹ mithilfe der Naturwissenschaft herbeizuführen. Das ehrgeizige Ziel der Unsterblichkeit eines lebenden Menschen konnten sie zwar nicht erreichen, aber doch immerhin die Verwesung dieses einen Leichnams mit aufwendigen Mitteln verhindern.[12]

Nach dem Ende der Sowjetunion brach der Lenin-Kult ab, Denkmäler übersiedelten in den Park der ausgedienten Monumente, Museen wurden geschlossen, aber der Leichnam wurde nicht angetastet. Das sakrale Zentrum blieb intakt; offensichtlich ist es leichter, ein Denkmal zu versetzen, als einen Leichnam zu beseitigen. Dieses Tabu schützt den Körper Lenins mindestens ebenso wie die Chemikalien der Konservierungs-Spezialisten. Obwohl diese Konservierung auch einiges kostet und sich inzwischen viele für eine endgültige Bestattung Lenins ausgesprochen haben, ist dieser Plan bisher noch nicht umgesetzt werden. Nachdem ein solches Heiligtum geschaffen wurde, ist es schwer, es wieder abzuschaffen. Obwohl Lenins Person und die Geschichte der Russischen Revolution inzwischen aus dem nationalen Gedächtnis Russlands gestrichen wurden, verweilt er in seinem Mausoleum weiter beharrlich in der Gegenwart.

Während im Herzen Moskaus mit dem Lenin-Mausoleum noch ein kontextlos gewordener Lenin-Kult aufrechterhalten wird, ist der Lenin-Kult aus seinem Museum in Gorki inzwischen gründlich ausgetrieben worden. Der Ort ist nicht geschlossen, aber radikal uminterpretiert worden. Im Zentrum steht jetzt das Landhaus als ein

12 Das Verfahren muss alle 2 Jahre erneuert werden und kostet jährlich 1,5 Millionen Euro.

Heritage-Ort, dessen Anziehungswert nichts mehr mit der russischen Politik und Geschichte, sondern allein mit dem touristisch vermarktbaren Wert der russischen Landschaft, der Architektur und ihren Baustilen zu tun hat. Die Institution hat auch einen neuen Namen bekommen: »The State History Museum-Reserve Gorky Leninskye«. Dieser Ort präsentiert sich heute als eine Art Heimat-Museum, das eine deutliche Distanz zum einst religiös verehrten Revolutionshelden aufbaut. Im Jubiläumsjahr 2017 wird man es als ein paradoxes ›Museum des Vergessens‹ besichtigen können.

Lenin wird nicht nur im Gorky-Museum vergessen, sondern auch in der politischen Spitze in Moskau. Dieses Vergessen geschieht in einer diskursiven Form, die wir auch als Umdeutung der Geschichte bezeichnen können. In einer Versammlung des Präsidenten-Rats für Wissenschaft und Erziehung in Moskau wurde Wladimir Putin zu seiner Sicht der Russischen Revolution befragt. Diese Veranstaltung fand am 21. Januar, dem Todestag Lenins statt. Putin verzichtete in seiner Antwort auf den Namen Lenin und sprach nur von Vladimir Ilyich. »Seine Ideen haben zum Untergang der Sowjetunion geführt. Sie haben eine Atombombe unter das Gebäude gelegt, das Russland heißt, es musste irgendwann explodieren. Wir brauchten keine russische Revolution und brauchen auch keine globale Revolution.«[13]

In der Ukraine wird derzeit ein radikaler Wertewechsel vollzogen. Unter dem Druck der kriegerischen Auseinandersetzungen mit Russland geht es um eine Tilgung der historischen Spuren des Kommunismus. Nicht weniger als 900 Städte und Dörfer stehen zur Umbenennung an. Entsprechendes gilt für Plätze und Straßennamen. Ausgenom-

13 Newsweek, 3.2.2016.

men von solchen Namensänderungen sind die von prorussischen Aktivisten kontrollierten Regionen Donetsk und Luhansk. Während man sich in der Ukraine auf diese Weise radikal von einer historischen Schicht der eigenen Geschichte trennt, fällt bisher noch kein selbstkritisches Licht auf die historische Schicht der nationalistischen Kollaboration mit Nazi-Deutschland. Deshalb besteht Grund zu der Sorge, dass in diesem anti-russischen Prozess der Selbstreinigung vom Kommunismus es gerade die Aktivisten der nationalistischen Bewegung sind, die nur darauf warten, die entstehenden Lücken zu füllen. Es gibt aber auch ganz andere Optionen. In dem Dorf Kalini zum Beispiel wurde die Lenin-Straße einfach in Lennon-Straße umbenannt.

Leuven, Sarajevo, Palmyra – Vandalismus und die Zerstörung materiellen Kulturerbes

Der vergessene Erste Weltkrieg

Ich selbst bin nach dem Zweiten Weltkrieg in Heidelberg in einem Stadtteil aufgewachsen, dessen Straßen die Namen preußischer Generäle des 19. Jahrhunderts trugen: Blumenthalstraße, Roonstraße, Moltkestraße. Wir wohnten in der neu hinzugefügten Eckenerstraße. Hugo von Eckener war Nachfolger des Grafen von Zeppelin, bildete Marine-Luftschiffer im Ersten Weltkrieg aus und richtete den ersten regelmäßigen Luftschiffverkehr über die Ozeane ein. Wie Denkmäler sollen auch Straßennamen wichtige Personen der Kultur und Geschichte im Gedächtnis der Gesellschaft präsent halten. Was für die ›Unsichtbarkeit‹ der Denkmäler gilt, gilt aber auch für Straßennamen. Sie erfüllen eher einen Orientierungs- als einen Erinnerungsauftrag und sind vorwiegend Teil der alltäglichen Kulisse, die keine Aufmerksamkeit auf sich zieht. Ihre Bedeutung wird vergessen, ignoriert und bleibt weitgehend im Dunkeln, was den primären Zweck von Straßennamen als pragmatische Wegweiser in keiner Weise beeinträchtigt.

In Deutschland tragen etliche Straßen die Namen von Generälen des Ersten Weltkrieges. Ein Beispiel ist die von-Emmich-Straße in Konstanz. In Zeiten von Google und Wikipedia ist Aufklärung endemisch geworden; jeder kann sich umgehend über historische Zusammenhänge informieren, für die früher der Zugang zu vielbändigen Konversationslexika, Bibliotheken und Archiven die Voraussetzung war. Auf diese Weise kann man sich auch über die Biographie Otto von Emmichs informieren. Der im deutsch-französischen Krieg hochdekorierte General er-

Ein Jahr lang hat der Stadtrat in Weimar diskutiert, bevor er 2016 entschied, die ›Hans-Wahl-Straße‹ in ›Über dem Kegeltore‹ umzubenennen. Das ›Goethe und Schiller Archiv‹ liegt nun nicht mehr an der Straße, die nach dem Goetheforscher benannt war, der während des ›Dritten Reichs‹ die Weimarer Klassik für die NS-Kulturpolitik vereinnahmt hat. (Foto: Aleida Assmann)

hielt mit 64 Jahren noch einen großen Auftrag: Er hatte die Invasion der deutschen Truppen in das neutrale Belgien und deren Durchzug durch dieses Gebiet durchzuführen. Die erste Station seiner Mission war der Überfall auf Lüttich (Liège) und andere Ziele, bei denen Hunderte von Zivilisten getötet und 1300 Gebäude niedergebrannt wurden. Die Bereitschaft, rücksichtslos gegen eine neutrale Nation, ihre Zivilisten und ihr kulturelles Erbe vorzugehen, charakterisierte vom ersten Tag an die deutsche Kriegsführung.

Inzwischen gab es zwei Gelegenheiten, das tief vergessene Geschichtswissen, das in die Straßennamen eingelassen ist, in die Realität der Gegenwart zurückzuholen. Im Jahre 2012 erarbeitete die ›Straßenbenennungskommission‹ in Konstanz den Vorschlag, die von-Emmich-Straße umzubenennen. Der Gemeinderatsbeschluss wurde durch den Einspruch der Anwohner jedoch wieder rückgängig gemacht. Es gab mehrere Gründe für das Veto: man hatte versäumt, die Anwohner rechtzeitig in den Prozess mit einzubeziehen, weshalb sie sich übergangen fühlten. Vor allem aber wurden praktische Gründe vorgebracht: »Nun müssen wir wieder alle Kontakte von der Bank bis zum Zeitschriftenverlag, von Freunden bis zur Versicherung anschreiben, um die neue Adresse mitzuteilen«, wobei auch der »häufige Adresswechsel bei Bonitätsauskünften als Warnsignal« gilt. Und noch ein Argument kam hinzu: »dass der heute nicht mehr besonders große Bekanntheitsgrad Otto von Emmichs eine Umbenennung unnötig« mache. Mit anderen Worten: Da die Person von Emmich bereits vergessen ist, sei es überflüssig, das Verhältnis zu ihr zu revidieren.

Zwei Jahre später, im großen Kommemorationsjahr 1914/2014 bot sich eine weitere Gelegenheit, diese Geschichte aus dem Vergessen in die Gegenwart zurückzuholen. Anders als die Briten, Franzosen und Belgier, die sich immer noch jährlich an den Ersten Weltkrieg erinnern und den Tag des Waffenstillstands von 1918 am 11.11. mit Schweigeminuten begehen, eröffnen die Deutschen just an diesem Tag ihre Karnevalsaison. Tatsächlich spielt der Erste Weltkrieg im allgemeinen Bewusstsein, im sozialen und nationalen Gedächtnis der Deutschen, sowie im Schulunterricht keine Rolle mehr. Hierzulande ist er durch den Zweiten Weltkrieg und den Holocaust überlagert worden. Eine Erinnerung verdrängt die andere.

Dabei hatten sich die Deutschen nach dem verlorenen Ersten Weltkrieg nur allzu gut an ihn erinnert. Noch heute finden sich in allen Städten und Dörfern die stattlichen Denkmäler mit den Namen der Gefallenen. Diese Erinnerung war flächendeckend. Sie artikulierte die Trauer der Familien und Gemeinden und war zugleich heroisch und staatstragend. Von einer nationalistischen Politik wurde sie obendrein mit Gefühlen von Hass und Ressentiment aufgeladen. Die Schmach der Niederlage sollte durch einen weiteren Krieg überwunden werden, der den Deutschen all das wiedergeben sollte, was sie an Gebieten und Selbstwertgefühl verloren hatten. Nach 1945 wurden die Namen der Gefallenen des Zweiten Weltkriegs zwar noch auf die Denkmäler des Ersten Weltkriegs graviert, doch ein heroisches Heldengedenken wie nach dem Ersten Weltkrieg verbot sich nach der Kapitulation von Nazi-Deutschland. Der Sinn dieses Krieges hatte sich als verbrecherisch herausgestellt; es gab keine mögliche Anknüpfung mehr an die entwerteten militärischen Formen des Heldengedenkens. Die Erinnerung an die Gefallenen der Weltkriege fiel damit zurück an die Familien, an kleine Gruppen und eine Institution wie den Volksbund Deutsche Kriegsgräberfürsorge.

Im Gedenkjahr 1914/2014 wurde der Erste Weltkrieg zu einem vielstimmigen und reichhaltigen Medienereignis. Ausstellungen und Bücher, Filme und Vorträge, Gedenkinszenierungen und Reisen zu den Schlachtfeldern erzeugten eine kontinuierliche Aufmerksamkeit. Die Historiker hatten in diesem Jahr ihre große Stunde; ihre pünktlich erschienenen Werke fanden reißenden Absatz und ihre Thesen wurden lebhaft diskutiert. Nach hundert Jahren füllte sich die Leerstelle im Gedächtnis mit neu erworbenem Wissen; man suchte nach materiellen Spuren und unternahm Recherchen im eigenen Familiengedächtnis. Vor allem aber entdeckte man die deutsche Geschichte in einem neuen europäischen Rahmen und erfuhr zum ersten Mal vieles aus der Perspektive anderer Nationen.

Im Zentrum der Debatte stand dabei die Europäisierung der deutschen Erinnerung an den Ersten Weltkrieg. Sie war schon dadurch europäisch, dass Deutschland im Gedenkjahr seinen Sonderweg des Vergessens verlassen und sich damit den anderen Nationen angenähert hat. Diese Tendenz zur Angleichung wurde auch durch die massenmediale Aufbereitung des Krieges im Fernsehen unterstützt, wo z.B. an 14 Einzelschicksalen aus 7 Ländern die verbindende allgemeinmenschliche Leiderfahrung des Krieges über nationale Grenzen hinweg emotional wirkungsvoll dargestellt wurde. Einen anderen Zugang zur Europäisierung eröffnete die Studie von Christopher Clark, der die Vorgeschichte des Krieges neu rekonstruiert hat und sich dabei vom gängigen Narrativ der Schuldzuschreibungen freigemacht hat.

100 Jahre sind in der Erinnerungsdynamik eine wichtige Schwelle. Nach diesem zeitlichen Intervall verschwindet eine mündliche Tradition, sofern sie nicht in ein institutionell stabilisiertes Langzeitgedächtnis aufgenommen wird. Ein solches Jubiläumsjahr ist eine Schwelle, an der sich entscheidet, was im Kurzzeitgedächtnis vergeht und was ins Langzeitgedächtnis aufgenommen wird. Für Letzteres bedarf es einer Gruppe und eines gemeinsamen Interesses. Die EU hat sich 2005 auf die Holocausterinnerung als ihre fundierende Erinnerung geeinigt. Eine gemeinsame europäische Erinnerung an den Ersten Weltkrieg, in der sich die ehemaligen Feinde im Schrecken über das Ausmaß der Zerstörung und in der gemeinsamen Trauer über das millionenfache Leid vor den Toten verneigen, könnte ein wichtiger Teil europäischer Selbstvergewisserung sein. Nicht im Sinne der Ersetzung, sondern der Erweiterung des europäischen Gedächtnisses. Hinter den Konzentrations- und Vernichtungslagern des Zweiten Weltkriegs, die der Holocaust als Gründungsmythos Europas symbolisiert, tauchen die Soldatenfriedhöfe des Ersten Weltkriegs wieder auf. Sie symbolisieren eine weitere Schicht der europäischen Geschichte, die ›Urkatastrophe‹, aus der der Armenische Genozid, die Russische Revolution, der stalinistische Gulag und der Holocaust als neue Formen extremer Gewalt im Jahrhundert der Extreme hervorgegangen sind.

Zurück zu von Emmich. Der Erste Weltkrieg begann mit einer deutschen Offensive, die mit dem Namen von Emmich verbunden ist, aber im Gedenkjahr wenig Aufmerksamkeit auf sich gezogen hat. Unter seinem Kommando überfielen deutsche Truppen das neutrale Belgien am 5. August und griffen die Stadt Liège an. Dieser Krieg nahm keine Rücksicht auf Zivilisten; viele wurden erschossen, Belgische Frauen und Kinder wurden in Viehwaggons verfrachtet und in Konzentrationslager deportiert, ihre Städte und Häuser wurden angezündet, historische Gebäude der Stadt Leuven wurden gezielt zerstört, darunter die gotische Peterskirche und die berühmte Universitätsbibliothek mit ihren kostbaren Beständen, was die deutsche Form der Kriegsführung vom ersten Tag an stigmatisierte. Seither sprach man von ›German atrocities‹ (deutschen Gräuel) und Vandalismus; insbesondere der Brand der Bibliothek Leuven hat sich tief ins europäische Gedächtnis eingeprägt. So engagiert die Deutschen die Thesen des Buches des Historikers Christopher Clark diskutierten, so wenig Beachtung fand dieses Ereignis. Diese Beobachtung hatte bereits 1988 der erfolgreiche Historiker und Schriftsteller Wolfgang Schivelbusch machen können, der die Geschichte der Zerstörung der Bibliothek Leuven im ersten Monat des Ersten Weltkriegs einem deutschen Publikum nahebringen wollte.[14] Der SPIEGEL widmete dem Buch einen längeren Artikel und schrieb damals: »Aus der Ablage der Geschichte hat den Fall jetzt der deutsche Autor Wolfgang Schivelbusch hervorgeholt und in einem Buch wieder aufgerollt. [...] Für seine neue Monographie hat er, un-

14 Wolfgang Schivelbusch, *Die Bibliothek von Löwen. Eine Episode aus der Zeit der Weltkriege*, München: Hanser, 1988.

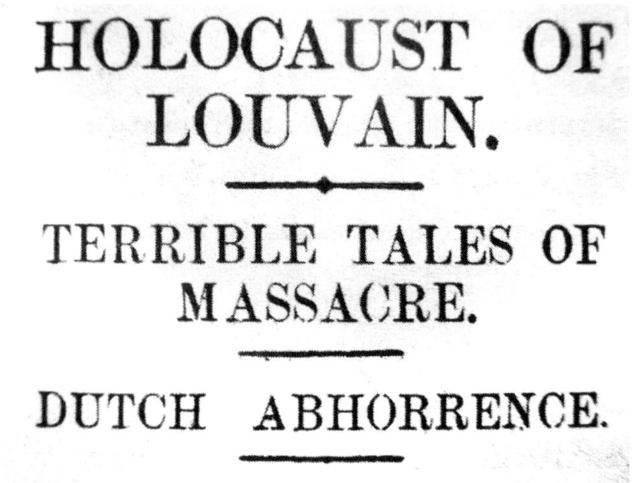

HOLOCAUST OF LOUVAIN.

TERRIBLE TALES OF MASSACRE.

DUTCH ABHORRENCE.

Schlagzeile der *Daily Mail* vom 31.08.1914.

terstützt vom Hamburger Mäzen Jan Philipp Reemtsma, in belgischen, französischen, englischen, amerikanischen, ost- und westdeutschen Archiven geschürft. Lesenswert ist sein Buch als eine Studie über nationalistische Verblendung, aber auch wegen der grimmig-grotesken Züge jener »Episode aus der Zeit der Weltkriege, die es mit kühler Genauigkeit rekonstruiert«.[15] Obwohl brillant geschrieben und hervorragend recherchiert, ist es nicht gelungen, dieses Ereignis aus dem ›Verwahrensvergessen‹ der Archive ins Gedächtnis der Deutschen zurückzuholen. Die Studie ist das am wenigsten verkaufte Buch dieses erfolgreichen Autors geblieben. Für die Erinnerung an das Kriegsverbrechen, das die Reputation der Deutschen in Europa und der Welt schwer beschädigt hat, war kein Interesse zu mobilisieren. Ganz im Gegensatz zur lebhaften Erinnerung in der westlichen Welt. Man nannte Leuven das ›belgische

15 *DER SPIEGEL*, 12 (1988).

Oxford‹ und sprach von den »schlimmsten Verbrechen der Deutschen« seit dem Dreißigjährigen Krieg. In der *Daily Mail* vom 31.8.1914 erschien die Überschrift: »Holocaust of Louvain«. Nach den Zerstörungen der Kathedrale von Reims und der Bibliothek von Leuven wurden die Deutschen in der Presse der Alliierten als ›Barbaren‹ bezeichnet; es war auch vom ›furor teutonicus‹ die Rede. Durch Akte des Vandalismus hatten sie sich selbst aus der zivilisierten Welt ausgeschlossen.[16]

Der Brand der Bibliothek Leuven war nicht nur ein Ereignis der Militärgeschichte, sondern vor allem auch eines der Kulturgeschichte. Das wird besonders deutlich aus dem Zeugnis des Rektors des Amerikanischen College, Monseigneur de Becker, das der amerikanische Botschafter Brand Whitlock überliefert hat. Nachdem er die Zerstörung und Morde beschrieben hatte, fuhr er fort:

> »Hier in den Hallen der Universität befand sich die Bibliothek. Seine tausende von Bänden, seine seltenen antiken Manuskripte, seine einzigartige Sammlung von Inkunablen – all das wurde willentlich verbrannt, bis zum letzten Schnipsel. An diesem Punkt seines Berichts wollte Monseigneur fortfahren. Er wollte das Wort Bibliothek aussprechen. Statt dessen kam ›la biblio…‹; er unterbrach sich und biss sich auf die Lippen. ›La bib…‹ fuhr er fort – und dann breitete er seine Arme auf dem Tisch vor sich aus, legte den Kopf darauf und weinte laut.«[17]

16 Alan Kramer hat überzeugend gezeigt, dass diese Gewalt nicht einfach ›barbarisch‹, sondern sehr modern und Teil eines radikalisierten industriellen Krieges war. Alan Kramer, *Dynamic of Destruction. Culture and Mass Killing in the First World War*, Oxford UP, 2007, 20.

17 Alan Kramer, *Dynamic of Destruction. Culture and Mass Killing in the First World War*, Oxford UP, 2007, 9.

Das Requiem der Bibliothek in diesen letzten Worten ist das eindrucksvollste Zeugnis der traumatischen Zerstörung. Auf die militärische Aktion folgte während des Weltkrieges ein europäischer Propagandakrieg, ein »Sarajewo der europäischen Intelligenz«, wie Schivelbusch ihn nannte, in dem die Begriffe ›Civilisation‹ und ›Kultur‹ als Superwaffen eingesetzt wurden. Darauf reagierten deutsche Intellektuelle im September 1914 mit dem ›Manifest der 93‹, die sich, angefangen mit Gerhard Hauptmann, aus heutiger Sicht mit dieser Rechtfertigung der Tat erbärmlich blamierten. Ganz anders verlief dagegen der Wiederaufbau der Buchbestände, zu dem Deutschland im Rahmen der Reparationen im Versailler Vertrag verpflichtet worden war. Diese Aufgabe führte nach dem Krieg die Bibliothekare der ehemals verfeindeten Nationen zusammen und mündete in eine produktive, professionelle Zusammenarbeit, bei der sich die politischen Gegner schnell in Arbeitskollegen mit gemeinsamen Kompetenzen, Interessen und Sympathien verwandelten.

Die Geschichte dieses Bibliotheksbrands, der sich nach einem grandiosen Wiederaufbau mit amerikanischer Hilfe im Zweiten Weltkrieg durch die deutsche Wehrmacht sogar noch einmal wiederholte, ist in das Weltgedächtnis eingegangen. Im Sinne eines ›multidirectional memory‹ verknüpft der Librizid (Büchermord) seither Leuven mit anderen Orten wie Sarajevo oder Timbuktu, die eine entsprechende Verlusterfahrung gemacht haben. Diese und andere Orte haben durch Akte des Vandalismus erfahren, was es bedeutet, eine Bibliothek zu verlieren. D.C. Watt, Historiker und selbst Büchersammler, hat diese Erfahrung in klare Worte gefasst:

> »Was Europa durch den Krieg verloren hat, war ein großer Teil seiner Geschichte und ein immenser Schatz

> an Glück und Freude für alle zukünftigen Generationen. Auch nur einen kleinen Teil dieser Hinterlassenschaft der Vergangenheit zu zerstören bedeutet eine Art Amputation, eine Selbstverstümmelung nicht der Gliedmaßen, sondern der Erinnerung und Imagination.«[18]

Watt hat die zerstörerische Gewalt gegen kulturelles Erbe aus der inklusiven Perspektive eines europäischen Wir beschrieben. »Alles Lernen beruht auf dem Gedächtnis« hat Quintilian, der Meister der antiken Rhetorik einmal gesagt. Heute können wir diesen Satz umformulieren, dann lautet er: »Alle Wissenschaften beruhen auf Bibliotheken.«

Leuven ist eine europäische Erinnerung geworden, die im deutschen Gedächtnis keine Spuren hinterlassen hat und auch 2014 nicht zurückgeholt worden ist. Ganz im Gegenteil dazu ist das Ereignis in der belgischen Stadt Leuven selbst nicht vergessen worden. Dafür sorgen schon die vielen Plaketten, die nach dem Ereignis an restaurierten und wieder aufgebauten Häusern der Altstadt auf Höhe des ersten Stockwerks angebracht wurden. Sie halten das traumatische Ereignis der Stadt emblematisch in Bild und Schrift fest.

Nach hundert Jahren wäre es an der Zeit, die Bürgerinnen und Bürger dieser Stadt nicht mehr mit der Bürde dieser Erinnerung allein zu lassen, sondern den Brand der Bibliothek in ein gemeinsames deutsch-belgisches Gedächtnis zu verwandeln. Die Entdeckung solcher Beziehungsgeschichten stärkt die ›Sehnen des Friedens‹ (sinews of peace, Winston Churchill) und stützt den Aufbau einer europäischen Identität. Ein solches dialogisches Gedächtnis bietet die Chance, die selbstbezügliche lokale oder nationale Perspektive zu überwinden und die blinden Flecken des natio-

18 Alan Kramer, *Dynamic of Destruction,* 1-2.

Eine der Gedenkplaketten, die in der Stadt Löwen in die Häuserfassaden eingelassen sind. Sie zeigen ein blutendes Schwert und eine Brandfackel vor dem Stadtwappen mit der Jahreszahl 1914. (Foto: Aleida Assmann)

nalen Gedächtnisses in historisches Wissen zu verwandeln. Und es könnte bei einigen Anwohnern der Konstanzer van-Emmich-Straße dazu führen, den General aus dem Vergessen zurückzuholen und das Verhältnis zu ihm zu revidieren.

Sarajevo

Die zerstörerische Gewalt gegen kulturelles Erbe hat sich in Europa im Zweiten Weltkrieg und noch einmal im letzten Jahrzehnt des 20. Jahrhunderts wiederholt. 78 Jahre nach Leuven wurde in Sarajevo in der Nacht zum 24. August 1992 die National- und Universitätsbibliothek von Bosnien-Herzegowina von serbischen Granaten in Brand gesetzt. Das Feuer zerstörte das historische Gebäude und den Bestand von zwei Millionen Büchern.

Am Anfang des 20. Jahrhunderts war Sarajevo der Ort gewesen, an dem der serbische Nationalist Gavrilo Princip am 28. Juni 1914 seine Schüsse auf den habsburgischen Thronfolger Franz Ferdinand und seine Frau Sophie abgab und mit diesem Ereignis den Ersten Weltkrieg auslöste. Am Ende des 20. Jahrhunderts wurde die Belagerung und anschließende Blockade der Stadt Sarajevo durch bosnisch-serbische Truppen eines der zentralen Ereignisse des Jugoslawienkrieges. Die Balkanregion im Südosten gehört zu den ethnisch und religiös am stärksten differenzierten Gebieten Europas. Sie war durch die wechselnden Imperien von Rom und Byzanz, vom osmanischen Reich und der habsburgischen Monarchie Österreich-Ungarn geprägt. Die ethnisch-nationalistisch motivierten Balkankriege führten zum Zerfall Jugoslawiens, wobei aus den Teilrepubliken neue Nationalstaaten wurden. Diese beendeten ein Jahrtausende währendes Zusammenleben unterschiedlicher ethnischer Gruppen und Religionen, Kulturen und Traditionen.

Ein besonderer historischer Zeuge dieser Kriege war der serbische Architekt, Künstler, Hochschulprofessor, Stadttheoretiker und Essayist Bogdan Bogdanović (1922-2010). Von 1982-86 war er Bürgermeister der jugoslawischen Hauptstadt Belgrad. Er war ein überzeugter Pazifist, Dissident und Einzelgänger, der gegen den Geist seiner Zeit erstaunliche Projekte verwirklichte. Während nach dem Zweiten Weltkrieg in allen sozialistischen Staaten (wie im Westen auch) eine fortschrittsgläubige und ausschließlich zukunftsorientierte Orientierung angesagt war, beschäftigte er sich mit den Gewaltexzessen und den Toten des Zweiten Weltkriegs, für die er zwischen den 1950er und 1980er Jahren 20 Denkmäler in der ihm eigenen ornamental abstrakt symbolischen Formensprache errichtete, darunter ein Denkmal im ehemaligen kroatischen Vernichtungslager Jasenovac. Als ein erklärter Gegner von Milošević und seiner nationalistischen Politik ging

Bogdanović 1993 ins politische Exil und lebte bis zu seinem Tod in Wien.[19]

Die Balkankriege forderten über hunderttausend Tote. In diese Zahl sind viele Zivilisten eingeschlossen. Das Massaker von Srebrenica an 8000 bosnisch-muslimischen Männern (1995), das die Soldaten der UN-Blauhelm-Mission nicht verhinderten, wurde von UN-Gerichten als ›Völkermord‹ klassifiziert. Ohne die Bedeutung der menschlichen Opfer zu übersehen, richtete Bogdanović als Architekt und Urbanist seinen Blick auch auf die materielle Zerstörung während der Kriege. In den Akten der Vernichtung kulturellen Erbes sah er die Handschrift »wollüstiger Städte-Mörder« und fragte nach den Motivationen dieses Handelns. Besonders Orte mit einer reich dokumentierten Geschichte und Architektur wurden Ziele eines rituellen ›Städtemords‹ wie Osijek, Vukovar, Zadar, Mostar oder Sarajevo.

Die Perspektive von Bogdanović ist hier von besonderem Interesse, weil er seine Beschreibung und Bewertung der kriegerischen Zerstörung in der Sprache von Erinnern und Vergessen konzipiert hat. Die Angriffe, so unterstrich er, hätten den Charakter eines blindwütenden Bildersturms gehabt und den Städten als »einzigartige(n) Erinnerungsdepots« gegolten. Sein Konzept von städtischer Architektur war das eines ›Palimpsests‹. Ein Palimpsest ist eine kostbare Pergament-Handschrift, deren Beschriftung von mittelalterlichen Mönchen sorgfältig abgekratzt wurde, um einer Neubeschriftung Platz zu machen. Durch Anwen-

19 Die politischen Inszenierungen des Schriftstellers Peter Handke wie dessen ›winterliche Reise‹ und die Schrift ›Gerechtigkeit für Serbien‹ (1996) kommentierte Bogdanović mit den Worten: »Handke hätte seinen Freunden einen besseren Dienst erwiesen, hätte er dazu beigetragen, den Serben die Anerkennung ihrer Niederlage zu erleichtern, um sie zum Nachdenken über die Ursachen zu bringen, anstatt ihren Stolz zu nähren.« Kurt Gritsch, Peter Handke und ›Gerechtigkeit für Serbien‹. Eine Rezeptionsgeschichte, Innsbruck: Studienverlag, 2009.

dung geeigneter Mittel kann jedoch der ausgelöschte Text später unter der Überschreibung wieder lesbar gemacht werden. Der Palimpsest ist eine philologische Metapher, die Parallelen zur geologischen Metapher der Schichtung aufweist. Die Architektur vieler europäischer Städte lässt sich als ein dreidimensionaler Palimpsest geronnener und geschichteter Geschichte und somit als Resultat wiederholter Umformungen, Überschreibungen, Sedimentierungen beschreiben. In solchen Städten bleiben unterschiedliche ›Zeitschichten‹ (Reinhart Koselleck) erhalten und ermöglichen die Wahrnehmung einer ›Gleichzeitigkeit des Ungleichzeitigen‹ (Wilhelm Pindar).

Im Stadtraum ist Geschichte oft geschichtet und heterogen, durchkreuzt und verdichtet in den Besiedlungsphasen unterschiedlicher Bevölkerungsgruppen. Das gilt insbesondere für osteuropäische Städte, die durch Migrationen, imperiale Expansionspolitik, Zwangsumsiedlungen und Deportationen geprägt sind; hier stellt sich lokale Geschichte als Vielfalt und Alterität auf engstem Raum dar. Obwohl im Stadtraum vieles gleichzeitig anwesend ist, heißt das jedoch keineswegs, dass diese heterogenen Schichten auch wahrgenommen werden und im Bewusstsein präsent sind. Die Stadt hat durch die Überschreibungen ihrer Bausubstanz ein sehr viel längeres Gedächtnis als das jeweilige politische Regime, in dessen Grenzen es sich befindet. Auf einer Podiumsdiskussion in Wien zum Thema ›Kulturelles Erbe‹ teilte der polnische Historiker Robert Traba den Zuhörern zum Beispiel mit, dass in den Städten der Nachkriegszeit, in denen er aufwuchs, dieser Begriff für ihn keinen guten Klang hatte. Mit den fremden Schichten konnte und wollte man sich nicht identifizieren; sie waren ein Störfaktur im nationalen Selbstbild und wurden deshalb ausgeblendet. Der polnisch-amerikanische Autor Czesław Miłosz betonte ebenfalls die heterogenen Zeitschichten am Beispiel von Städten wie Danzig, Königsberg, Breslau und seiner Heimatstadt Wilna, als er schrieb: »Ein Pole in Danzig zum Beispiel wird mit der deutschen Kultur konfrontiert, die sich jahrhundertelang aufgeschichtet hat und die in jedem architektonischen Detail anwesend ist.« Nach dem Zusammenbruch des polnischen Kommunismus registrierte er eine zunehmende Bereitschaft zur Wahrnehmung der longue durée dieser Stadt und damit der Anerkennung ihrer geschichteten Geschichte. »Die Polen, die sich als Danziger oder Breslauer fühlen, weil sie in diesen Städten ihre Kindheit und Jugend verbrachten, scheinen Achtung für das Erbe zu lernen. Und dieses Erbe verdanken sie der Arbeit von vielen deutschen Generationen.«[20] Nach dem Zusammenbruch der Sowjetunion und dem Ende des staatstragenden Kommunismus gewannen liberale bürgerliche Kreise an Einfluss. Damit zog, wie die polnische Kunsthistorikerin Malgorzata Omilanowska schreibt, »die Vergangenheit der Stadt, zumal die deutsche des 19. Jahrhunderts samt der Spuren der damaligen Bewohner – und damit auch die Architektur des Historismus« – immer mehr Interesse auf sich.[21] In exemplarischen Palimpsest-Städten wie Danzig, Wrozlaw, Riga oder Vilnius, wo sich unterschiedliche ethnische Kulturen kreuzten und überlagerten, und die den rapiden Wechsel von politischen Systemen und Nationen erlebt haben, stellte sich nach Miłosz für die Nachgeborenen die aktuelle Frage:

20 Czesław Miłosz, »Magisch ist die Schönheit dieser Stadt. Juden, Polen, Litauer, Weißrussen, Dichter und Historiker: Wilna im Fadenkreuz der Nationalismen«, in: *FAZ* vom 21.10.2000, Nr. 245, I.

21 Malgorzata Omilanowska, »Rekonstruktion statt Original – das historische Zentrum von Warschau«, *Informationen zur Raumentwicklung* Heft 3 / 4. 2011, 227-236, 234. Die Autorin fügt allerdings noch hinzu, dass sich die Liebhaber des ›alten Danzig‹ nicht an Fassadenverkleidungen aus Kunststoff stören.

»Wie kann man dieses Erbe als das eigene anerkennen, wie fügt man sich ein in die Generationenkette dieser Stadt?«[22]

Auf eine ganz entsprechende Weise war der Architekt und Künstler Bogdan Bogdanović fasziniert von der longue durée der südosteuropäischen Städte des ehemaligen Jugoslawiens, die die kurzen Lebenszyklen ihrer Bewohner und der politischen Systeme bei weitem überstieg: »Von welch kurzer Dauer sind die verschiedenen ethnischen Perioden, wenn wir sie mit der Dauerhaftigkeit einzelner Städte vergleichen – um von politischen Teilungen gar nicht zu sprechen. Sprachen und Nationen sind oft kurzlebiger als viele alte städtische Siedlungen, durch die eine Vielzahl von Völkern hindurchgegangen ist, und in denen in verschiedenen Sprachen gesprochen wurde.«[23]

Umso schwerer traf ihn die Serie von Städtezerstörungen in Vukovar, Mostar, Sarajevo, Dubrovnik, die von der jugoslawischen Stadt Belgrad ausging, in der er selbst zehn Jahre zuvor Bürgermeister gewesen war. In seinem Buch *Die Stadt und der Tod* analysierte er die Motivation, die hinter der radikalen Zerstörungswut »moderner Barbaren« steht. Er deutete den ›Urbizid‹ (Städtemord) als Ausdruck einer Furcht vor der komplexen und unerschöpflichen Formensprache vergangener Epochen und kultureller Überlagerungen, die die Städtezerstörer weder verstehen, beherrschen noch kontrollieren können.[24] Die

22 Czesław Miłosz in Martin Wälde (Hg.), Die Zukunft der Erinnerung, Göttingen 2001, 53-55.

23 Bogdan Bogdanović, *Architektur der Erinnerung*, Klagenfurt 1994, 20.

24 Den Begriff ›Urbizid‹ übernehme ich von Renate Lachmann, deren Aufsatz ich wichtige Einsichten verdanke. Dies., »Bogdan Bogdanović und seine Zerstörungsphilosophie«, in: Davor Beganović und Peter Braun (Hg.), *Krieg Sichten. Zur medialen Darstellung der Kriege in Jugoslawien*, München 2007, 105-127; 107. Pierre Clastres (*Archäologie der Gewalt*. Aus dem Französischen von Marc Blankenburg, Zürich: Diaphanes Verlag, 2008) hat den engen Zusammenhang zwischen Ur-

verräumlichte Geschichte hat eine durch Überbauung und Ablagerung kultureller Restbestände ›gewachsene‹ Struktur, zumal auf dem Balkan, wo die Kulturen und Gruppen in einer »tausendjährigen gegenseitigen Durchdringung« existierten.[25] Diese historische Komplexität zu zerstören und ihre eigene Geschichte absolut zu setzen sei das Ziel der nationalistischen Städtezerstörer gewesen.

Dieser Zerstörungswut im Balkankrieg gingen viele signifikante Trennungs-Handlungen voran: die räumliche Distanzierung, die sprachliche Entflechtung und der Wettkampf von nationalen Symbolen, die zu Abzeichen, Fanalen und Kampfzeichen aufgerüstet wurden. Die Städtezerstörer hatten es auf eben jene symbolträchtigen Zeichen abgesehen: auf Brücken, Kirchtürme, Kuppeln und Minarette. Renate Lachmann, die sich mit Bogdanovićs Kulturtheorie beschäftigt hat, fasst seine These folgendermaßen zusammen: »Es ging also gerade um die Zerstörung der Geschichte, an der keinerlei Anteil erwünscht war, und die nicht als eine gemeinsame erfahren wurde, einer fremden Geschichte also, die sich durch sichtbare Zeichen, ihre architektonischen Male, kundtat.«[26]

Für Bogdanović richtete sich der Urbizid, die Zerstörung der Stadt, auf den von ihr verkörperten Gedächtnisspeicher; er war also zugleich ein ›Mnemozid‹. Die Verordner eines neuen nationalistischen Gedächtnisses sind darauf bedacht, alle früheren Schichten der Geschichte auszulöschen, die ihrem Geschichtsnarrativ einer homogenen und kompakten Nation im Wege stehen. Die Stadt als

bizid und Ethnozid thematisiert und dabei den zwanghaften Drang zur Einheit durch die Zerstörung von Vielheit und Differenz als einen Motor nicht nur nationaler, sondern auch kolonialer Gewalt herausgestellt.

25 Bogdanović, *Die Stadt und der Tod*, Frankfurt a.M.: Suhrkamp, 1993, S. 42-44.

26 Renate Lachmann, »Bogdan Bogdanović und seine Zerstörungsphilosophie«, 118.

Kulturform mit ihren historischen Schichten wird von den Zerstörern als eine Bedrohung erfahren, weil die anschauliche Sinnlichkeit und Komplexität der Spuren eine Dauer-Evidenz gegen das zu verordnende Geschichtsnarrativ ist. Gegen die Bereinigung und Tilgung der Geschichte hat Bogdanović deshalb die in Schichten geschriebene Stadtgeschichte und die Lesbarkeit historischer Spuren als eine Form des politischen Widerstands hervorgehoben.

Städtezerstörung gab es im Europa des 20. Jahrhunderts nicht nur während der Kriege. In Friedenszeiten ging die zerstörerische Energie von forcierten Modernisierungsprojekten aus, mit denen Architekten und Stadtplaner eine *tabula-rasa*-Situation schaffen wollten. Die Architektur der Moderne und Nachkriegsmoderne hat während des Kalten Krieges im Osten wie im Westen Europas historische Bausubstanz entwertet und immer wieder gezielt Schichten der Vergangenheit ausgelöscht. In dem Maße, in dem man den Blick ausschließlich in Richtung Zukunft im Sinne von technischer Innovation und sozialem Fortschritt richtete, verkamen die historischen Reste zu störenden Relikten, die der Vision einer neuen Welt Platz machen mussten (z.B. die Pariser »halles«, ein Erinnerungsort von durchaus mythischer Qualität, dem Centre Pompidou).

Kunstobjekte und historische Gegenstände »unterliegen einer Ethik der Bewahrung und nicht einer Ethik der andauernden Erneuerung wie im Falle der visuellen Gestalt einer Stadt oder Region«.[27] Der amerikanische Literatur- und Kulturwissenschaftler Philip Fisher geht offenbar ganz selbstverständlich davon aus, dass Städte ausschließlich einer ›andauernden Ethik der Erneuerung‹ unterliegen. Von ihm

27 Philip Fisher, »Local Meanings and Portable Objects: National Collections, Literatures, Music, and Architecture«, in: Gwendolyn Wright (Hg.), *The Formation of National Collections of Art and Archaeology. Studies in the History of Art*, 47, Hanover, London o.J., 15-27; 19.

stammt aber auch der wichtige Gedanke, dass »eine Geschichte der Vernachlässigung ebenso wichtig ist wie eine Geschichte der Bewahrung. Vernachlässigung ist eine Form des passiven Vandalismus. [...] In jeder Kunst brauchen wir nicht nur eine Geschichte der Schöpfungen, sondern auch eine Geschichte des Verschwindens, möglicher Formen der Vernachlässigung, des Ausschlusses und Desinteresses.«[28]

Palmyra

Die Orte antiker Kultur, die wir heute bewundern und schätzen, hatten nicht schon immer ihren festen Platz im kulturellen Gedächtnis Europas und der Welt. Über viele Jahrhunderte hinweg existierten Tempel und Baudenkmäler in einem Zustand vollkommenen Vergessens und Verfalls. Niemand reklamierte diese Monumente, um sie sich kulturpolitisch anzueignen, bei niemand erregten sie aber auch Anstoß, dem sie aus ideologischen Gründen im Wege waren. Während dieser Zeit erwies sich das Desinteresse an ihnen, der passive Vandalismus, tatsächlich als eine Form der Konservierung. Nachdem die beweglichen Wertobjekte in der Antike geplündert waren, waren die baulichen Reste dem schleichenden Verfall anheimgegeben und verwandelten sich allmählich wieder zurück in Natur.

In diesem ruinösen Zustand hat Robert Wood (1717-1771), Altertumsforscher und Forschungsreisender, mit zwei Freunden den Tempel von Palmyra Mitte des 18. Jahrhunderts in der syrischen Oase wiederentdeckt. Wood war ein begeisterter Leser Homers, der sich von England aus auf die Suche nach den geographischen Orten vergangener Zivilisationen machte. Seine Lebensdaten fallen in die Epoche der Aufklärung, was aber keineswegs ausschloss, dass

28 Philip Fisher, Local Meanings, 23.

seine Projekte bereits von romantischem Geist erfüllt waren. In seiner Person verband er den klassischen Geist des Hellenismus mit einer romantischen Leidenschaft für die sublime Ausstrahlung von Ruinen. Der Archäologe Wood war überzeugt, dass das Erbe Homers nicht nur durch Worte, sondern auch durch konkrete Orte und materielle Spuren zugänglich war; dass es nicht nur gelesen, sondern auch in Augenschein genommen und erfahren werden konnte. Seine Ruinen-Faszination war von der Einsicht inspiriert, dass eine Kultur, die in der Zeit weit zurücklag, im Raum begangen und besichtigt werden könne. So wurde er der Erste, der tat, was viele nach ihm taten: Er reiste an die Originalschauplätze vergangener Kulturen der Mittelmeerwelt und beschrieb im Detail, was er dort sah. Ein Maler, der ihn begleitete, hielt in Bildern fest, was diese frühen Reisenden bewunderten; und die Bilder wiederum, in Kupferstichen vervielfältigt und Publikationen verbreitet, machten die archäologischen Stätten um 1750 berühmt.

Robert Wood hat die abendländische Vision von Palmyra, dieser autonomen Provinz der spätantiken Mittelmeerkultur mit ihrem grandiosen Handelsknotenpunkt und ihren prächtigen Tempeln, Toren und Säulen geschaffen. Durch seine Beschreibung und die Bilder seiner Expedition schuf er das kulturelle Muster, durch das spätere Generationen diese Ruinen nach ihm bewundern. Seine Liebe zur griechischen Kultur, Geschichte und Kunst wurde zu einem einflussreichen Element des westlichen kulturellen Gedächtnisses; sein Enthusiasmus war ein wichtiger Impuls für westliches Geschichtsbewusstsein, europäische Identitätskonstruktionen und den Welt-Kunstkanon.

Hundert Jahre nach Robert Wood entstand das Konzept des ›kulturellen Erbes‹ in verschiedenen europäischen Nationen. Mit der Institutionalisierung der historischen Geisteswissenschaften an deutschen Universitäten verbreitete sich ein neues historisches Bewusstsein. In diesem Kontext entstand auch ein professionelles Interesse am kulturellen Erbe, das sowohl durch Regierungsinitiativen von oben wie durch Bürgerbewegungen von unten unterstützt wurde. Dieses Erbe-Konzept umfasste populäre Retro-Fiktionen und mythische Phantasien ebenso wie moderne Bemühungen um Authentizität beim Schutz und der Erhaltung historischer Bauten. Mit dem Historismus entwickelte sich ein wissenschaftlich begründetes Interesse an der Geschichte und Kultur der eigenen Nation, das auch die Kunst, Landschaft, lokales Brauchtum und Folklore mit einschloss. Von der Griechenlandbegeisterung des 18. Jahrhunderts und dem damit verbundenen elitären Kunstkanon ging man im 19. Jahrhundert auf heimische Traditionen über. Im Rahmen der Entstehung von Nationalstaaten wurde das Interesse an der eigenen Geschichte durch Schulen und Museen unterstützt und fand weite Verbreitung durch populäre Romane, lokale Kommissionen, Ausstellungen und Exkursionen.

Der eigentliche Motor hinter diesem neuen Interesse an einem nationalen kulturellen Erbe war die Französische Revolution. Im Namen der Modernisierung hatte man sich in Frankreich in einem gewaltsamen Kampf von den Institutionen der Monarchie, der Kirche und der Aristokratie befreit und mit diesen Institutionen zugleich die damit verbundenen Traditionen zerstört. Diese nicht mehr brauchbare Vergangenheit wurde abgeschnitten, aber nicht unbedingt gänzlich zerstört. Sie wurde als ›Geschichte‹ gerettet und in die Obhut von Historikern, Archäologen und Museumskuratoren gegeben. Die abgeschaffte Vergangenheit wurde damit zum Gegenstand von Wissenschaft und öffentlichem Interesse. Mit diesem Konzept des kulturellen Erbes wurden aber nicht nur nationale Interessen bedient und Differenzen markiert, es entstand auch ein gemeinsamer europäischer Rahmen mit universalistisch inspirierten Regeln und Initiativen, der im 20. Jahrhundert in das globale Projekt der UNESCO mündete.

Dieses universale Erbe-Bewusstsein manifestierte sich in nichts so deutlich wie in dem neuen Begriff ›Vandalismus‹, den Abbé Henry Grégoire in Zeiten der Französischen Revolution prägte. Der Begriff drückte eine neue historische Sensibilität aus und stigmatisierte jegliche Gewalt gegen kulturelle Monumente als schweres Verbrechen. Man ging hinfort von der Voraussetzung aus, dass »Nationen ein Erbe besitzen«, und »dass die Pflege dieses Erbes ein Zeichen ziviler Regierungsführung ist«.[29] Nationales Erbe erschien in diesem Licht als Teil eines gemeinsamen Welterbes, als Besitz, Wert und Verpflichtung für die gesamte Menschheit. Patriotismus und Internationalismus ergänzten sich in diesem Konzept des kulturellen Erbes. Die Verehrung der Vergangenheit wurde zu einer neuen Universalreligion, von der man hoffte, sie würde »Frieden und Völkerverständigung befördern«.[30]

Nur »Barbaren und Sklaven«, so hatte Grégoire geschrieben, »hassen die Wissenschaften und zerstören die Monumente der Kultur. Freie Menschen lieben und bewahren sie.«[31] Vandalismus wurde als ein schwerer Verstoß gegen das international anerkannte Prinzip der Heiligung des kulturellen Erbes geächtet. Gewaltsame Zerstörung von Monumenten galt bereits im Jahre 1800 als »Verbrechen

29 Astrid Swenson, *The Rise of Heritage. Preserving the Past in France, Germany and England, 1789-1914*, Cambridge: University Press, 2013, 46.

30 Dieser Slogan wurde für die Große Weltausstellung von 1851 geprägt und auch auf Schutz und Erhaltung kulturellen Erbes übertragen. Swenson, 195-197.

31 Zit. nach Swenson, 34.

gegen die Menschlichkeit« und als Bruch der Gemeinschaft der »Kulturstaaten«.[32]

In zwei Weltkriegen haben wir erfahren, wie schwierig es ist, menschliche Aggression durch humanitäre Gesetzgebung einzuschränken. Wir haben aber auch erlebt, wie jede neue Grausamkeit durch weitere Gesetzgebung, Werte und neue Standards beantwortet wurde.[33] Das Konzept des kulturellen Erbes beruhte nicht nur auf Werten und Gefühlen, sondern wurde auch durch internationale Gesetzgebung gestützt. Neben der Genfer Konvention, die Zivilisten in Zeiten des Krieges schützt, wurde auch der Kulturschutz im Krieg in der Haager Konvention festgeschrieben.

Bis vor kurzem gab es Staaten, die zwar kaltblütig gegen die Prinzipien der Haager Konvention verstießen, wenn es die Strategie erforderte, aber es gab keine, die diese transgressiven Akte in aller Öffentlichkeit präsentierten und sich ihrer eigens rühmten. Genau das aber tut heute der IS. Er führt einen martialischen und symbolischen Krieg nicht nur gegen die westliche Zivilisation, sondern gerade auch gegen die normative und regulative Idee einer inklusiven Menschheit, die auf einem Konsens geteilter Werte aufgebaut ist. Die wiederholten Attacken des IS gegen das Weltkulturerbe proklamieren durch die Kanäle der globalen Kommunikation, dass dieses *inklusive* Konzept

32 Swenson, 39, 195.

33 Der deutsche Angriff auf Leuven und die Verbrennung der Bibliothek im ersten Monat des Ersten Weltkriegs wurden als ›Barbarei‹ diffamiert, worauf die deutsche Propaganda sich affirmativ zu diesem Begriff bekannte: »Das mag eine Barbarei gewesen sein, aber es war ein Akt gesunder Barbarei, für den wir uns niemals schämen werden!« Alan Kramer, *Dynamic of Destruction. Culture and Mass Killing in the First World War*, Oxford UP, 2007, 26. Von Mussolini bis Marinetti gab es in den ersten beiden Jahrzehnten des 20. Jahrhunderts eine neue kulturelle Wertschätzung der ›Barbarei‹, während der Begriff ›zivilisiert‹ in diesem Diskurs mit ›degeneriert‹ gleichgesetzt wurde.

einer Menschheit aller Nationen, die sich diesem Wert verschreiben, heute nicht mehr existiert.

Das Verhältnis von Kultur und Krieg ist komplex und unterliegt historischem Wandel, aber so viel ist sicher: Kultur war von jeher ein zentraler Bestandteil des Krieges. Imperiale Kriege richteten sich auf die Eroberung anderer Länder; deren Kulturen wurden als Trophäe dem eigenen Schatz einverleibt, um auf diese Weise die politische Überlegenheit symbolisch zu bezeugen. Religionskriege zielten auf die Zerstörung der Kultur des Gegners und die Beseitigung eines ›blasphemischen‹ Widerspruchs zum eigenen Glaubenssystem. In Kolonialkriegen spielte die sogenannte ›civilizing mission‹ eine wichtige Rolle, nicht nur um die gierige Einverleibung von Territorien und Ressourcen zu beschönigen, sondern auch, um die eigene Religion und Kultur mit Gewalt zu exportieren. In jüngster Vergangenheit hat der Bürgerkrieg auf dem Balkan den Kampf gegen Kultur fortgesetzt mit der Zerstörung alter Städte und dem Brand der Bibliothek von Sarajevo. »Die Zerstörung des kulturellen Erbes von welthistorischem Wert durch den IS bricht mit allem, was bisher dagewesen ist.« Dieser Satz von Sönke Neitzel, Historiker an der London School of Economics, ist etwas voreilig.[34] Denn leider gibt es eine lange Geschichte der intentionalen Zerstörung welthistorischer Gebäude und kultureller Schätze.

Leo Löwenthal hat einen wichtigen Essay über Bücherverbrennungen geschrieben, in dem er auch auf die Motive hinter der Zerstörung der Weltkulturerbestätten eingeht.[35] Ähnlich wie Bogdanović erkennt er als Motiv

34 »So gefährdet ist das Weltkulturerbe«, Barbara Schmickler, Tagesschau, 24.08.2015, https://www.tagesschau.de/ausland/faq-zerstoerte-kulturgueter-101.html.

35 Leo Löwenthal, »Calibans Erbe«, in: Jan und Aleida Assmann, *Kanon und Zensur*, München: Fink, 1987, 227-236.

hinter der Gewalt gegen kulturelle Objekte den Wunsch nach der Auslöschung von Geschichte. Nach einem politischen Regimewechsel gibt es oft das starke Bedürfnis, die Vergangenheit auszulöschen, um sie durch ein neues Gründungsnarrativ zu ersetzen. Da Geschichte lang, komplex und aus unterschiedlichen Schichten zusammengesetzt ist, ist sie immer auch vielstimmig und unterminiert damit die Konstruktion der einzigen Wahrheit der fundierenden Erzählung. Die politische Macht, die neu beginnen will, muss deshalb die Geschichte auslöschen und eine *tabula rasa* schaffen, um Widersprüche, Werte und Ansprüche einer anderen Wirklichkeit zu eliminieren. Diese Art der Zerstörung kultureller Rückstände geht Hand in Hand mit Akten der Reinigung. Was auch immer der absoluten Wahrheit, mit der sich ein neues Regime behaupten will, im Wege steht, muss verschwinden. Diese Politik der *damnatio memoriae* ist von allen totalitären Regimen verfolgt worden. Der Akt der Reinigung war auch das starke Motiv des Bildersturms der Puritaner in der Reformationszeit. Im Zuge des Ikonoklasmus der Calvinisten wurden Bilder und Orgeln aus den Kirchen entfernt und als Teufelswerk zerstört.

In der westlichen Welt ist mit der Aufklärung um 1750 eine Verehrung für antike Objekte und überkommenes Erbe entstanden, die ein wichtiger Teil der Säkularisierung und Modernisierung ist und die nach 1800 ihre institutionelle Basis in den historischen Wissenschaften, in den Archiven und Museen erhielt. Der Kult des Altertums, die Verehrung abgelebter Kulturen und der Wert des kulturellen Erbes wurden zu einem vitalen Element moderner westlicher Zivilisationen, die den Komplex von Ästhetik, Kunst und historischem Bewusstsein zur neuen Form einer säkularen Religion erhoben. Bibliotheken, Theater und Museen wurden zu den modernen Tempeln dieser Religion; Archäologen, Kunsthistoriker und Literaturwissenschaftler wurden ihre Priester, und die touristischen Orte der historischen Relikte und Ruinen wurden zu heiligen Stätten moderner Pilgerreisen.

Es ist genau diese säkulare Religion des kulturellen Erbes, gegen die die ›blasphemischen Akte‹ des IS Terrors gerichtet sind. Damit erleben wir eine ganz neue Dimension des alten Vandalismus-Problems. Durch eine gezielte Bildpolitik in den digitalen Kanälen hat die ganze Welt die brutalen Akte der ›Reinigung‹ und der Zerstörung von Geschichte in Mali, Mossul oder Palmyra in Echtzeit erlebt. Dieser gezielte Schlag gegen westliche Ästhetik und historisches Bewusstsein geschah vor aller Augen. Das in kleinen Schritten mutwillig in die Länge gezogene Zerstörungswerk bestätigte einen Satz von Nietzsche: »Nur was nicht aufhört weh zu tun, bleibt im Gedächtnis.« Wir sollten unser Augenmerk deshalb nicht nur auf die namenlosen Zerstörer des IS richten, sondern auch auf die mutigen Retter und Schützer des kulturellen Erbes: auf Abdel Kader Haidara, der in Timbuktu durch einen leidenschaftlichen Einsatz mit vielen Helfern die Zerstörung von Tausenden mittelalterlichen arabischen Manuskripten verhinderte, indem er sie außer Landes brachte, oder auf Khaled al Asaad (1934-2015), den Archäologen Palmyras, der vor Ort die Sammlungen 50 Jahre lang mit Sachverstand und Hingabe betreut hat, bevor er nach seiner Gefangenschaft durch den IS im August 2015 enthauptet wurde. Seinem syrischen Kollegen Abdelkarim und dessen Mitarbeitern ist es gelungen, vor dem Einmarsch des IS in Palmyra noch Tausende antiker Kunstwerke, darunter viele Statuen und wertvolle Grabbeigaben aus der Nekropole, zu retten und ins Nationalmuseum von Damaskus zu bringen.

Die Bilder des IS haben die Welt in einen Zustand anhaltenden Schocks versetzt; die visuelle Verbreitung der

Akte des Vandalismus war ein wichtiger Teil dieser Art der Kriegsführung. Der Vandalismus ereignete sich zu einem historischen Zeitpunkt, als sich die Nationen der Welt gerade im Rahmen der UNESCO auf den Wert des kulturellen Erbes und die Grundsätze seiner Bewahrung für zukünftige Generationen geeinigt hatten. Der Schock über den Vandalismus wurde durch die Erfahrung dieses Widerspruchs noch verstärkt. Die Menschheit lebt heute in einer globalisierten Welt, die weltweit durch die Netzwerke digitaler Kommunikation verknüpft und synchronisiert ist, aber sie ist, wie wir feststellen müssen, in ihren Werten im Inneren zerrissen. Hier geht es nicht mehr um ›kulturelle Differenzen‹, sondern um getrennte Welten und Zeitzonen, deren Unterschiede gänzlich unübersetzbar und unverhandelbar geworden sind. In dieser neuen welthistorischen Situation gewinnen wir zugleich einen neuen Blick auf das kulturelle Erbe in der Gegenwart und Zukunft.

Die Zerstörungen in Palmyra haben weltweite Bestürzung ausgelöst, ganz im Sinne des Songs von Joni Mitchell: »you just don't know what you've got / till it's gone«. Auch hier zeigten sich noch einmal die Paradoxien des Vergessens: Während Palmyra von den Terroristen scheibchenweise zerstört wurde und die historische Substanz dieses Ortes schwand, vermehrten sich die Bilder von Palmyra, die im Internet zirkulierten und die Aufmerksamkeit bannten. Aber selbst im Falle der Zerstörung materiellen Kulturerbes ist nie klar, wie endgültig der Verlust ist. Wie das Beispiel des Kopfes der großen Lenin-Statue zeigt, kann manches, was beseitigt wurde, noch einmal unerwartet zurückkehren. So sind auch viele Gebäude, die aus politischen Gründen im 20. Jahrhundert abgerissen wurden, inzwischen wiederaufgebaut worden wie die Christ-Erlöser-Kirche in Moskau, das Schwarzhäupterhaus in Riga und das Stadtschloss in Berlin, um nur einige ikonische Beispiele zu nennen. Wenn die Rekonstruktion mehr als eine Generation zurückliegt, vergisst man leicht die Lücke, die sich im Bewusstsein der Bevölkerung automatisch wieder schließt. Mit Sicherheit hat der historische Ort Palmyra noch ein Nachleben in Bildern und Texten.[36] Nach der Rückeroberung dieses Ortes beginnt gerade eine ganz neue Diskussion: Kann und soll man eine historischen Ruine rekonstruieren?

36 Zuletzt in der engagierten Studie von Paul Veyne, *Palmyra. Requiem für eine Stadt*. München: Beck, 2016. Dazu die Rezension von Andreas Kilb, »Requiem auf einen Außenposten zwischen den Welten«, *FAZ* 12.3.2016, Nr. 61, Seite L 15.

Im Schatten des Holocaust – Armenien, Herero und Nama: Genozide im frühen 20. Jahrhundert

Der Holocaust war nicht der erste Genozid im 20. Jahrhundert; es gab bereits zwei weitere Völkermorde: den Genozid an den Armeniern im Jahr 1915, der von der jungtürkischen Einheits- und Fortschrittspartei durchgeführt wurde, und den Völkermord an den Herero und Nama in den Jahren 1904-1908, den die deutsche Kolonialmacht im heutigen Namibia zu verantworten hat. Deutsche waren auf unterschiedliche Weise an beiden früheren Genoziden beteiligt. Völkermorde verjähren nicht; sie haben auch ein ganz anderes Nachleben als Kriege. Während sich nach einem Krieg *Sieger und Verlierer* gegenüberstehen, die nach dem Friedensschluss ihre unterschiedlichen Erinnerungen an die Gewaltgeschichte in eine gemeinsame Zukunft überführen müssen, stehen sich nach einem Völkermord *Täter und Opfer* gegenüber, wobei die Täter sich aufs Vergessen und Verdrängen verlegen, während die Opfer meist eine starke und nachhaltige Erinnerungskultur aufbauen. Diese radikale Asymmetrie zwischen einem starken Vergessenswunsch einerseits und einem starken Erinnerungsgebot andererseits charakterisiert die Nachgeschichte von Genoziden und bildet die Asymmetrie von Macht und Ohnmacht in dieser Gewaltbeziehung noch einmal ab und setzt sie fort. Diese lang vergessene und verdrängte Geschichte kommt nicht zur Ruhe. Die Jahre 2015/2016 boten reichlich Gelegenheit, um die gegenwärtige Aktualität dieser Ereignisse zu testen und sich mit ihnen auseinanderzusetzen.

Auf halbem Wege zwischen Erinnern und Vergessen: Sprachregelungen und diplomatische Eiertänze

Das Jahr 2014 war in den Medien als Gedenkjahr an den Ersten Weltkrieg ausgewiesen und mit einer unübersehbaren Fülle von Veranstaltungen orchestriert worden. Der vergessene Krieg war wieder in aller Munde. Dieses lebhafte Interesse erlosch mit Jahresende jedoch genauso plötzlich, wie es im Januar begonnen hatte. Als sich am 24. April 2015 der Genozid an den Armeniern zum hundertsten Male jährte, war der Erste Weltkrieg, in dessen Schatten dieses Verbrechen verübt worden war, schon wieder aus dem Gedächtnis entschwunden. Die Medien können durch konzertierte Aktivitäten und Inszenierungen vergessene Ereignisse ins Scheinwerferlicht der Öffentlichkeit rücken, indem sie Aufmerksamkeit bündeln und für eine Weile aufrechterhalten. Dieses Aufmerksamkeitsfenster schließt sich jedoch wieder, sobald andere Ereignisse in den Vordergrund treten und das allgemeine Interesse in Anspruch nehmen. Die öffentlichen Medien sind Stützen der Erinnerung, aber sie können sie selbst nicht hervorbringen. Dafür sind andere Instanzen und Organe notwendig wie Gedenkveranstaltungen, Bundestags-Resolutionen und Lehrpläne der Schulen.

Der Genozid an den Armeniern ist ein anschauliches Beispiel dafür, wie ein historisches Ereignis aus dem Vergessen wieder aufgetaucht und zögerlich und gewissermaßen auf Raten ins deutsche nationale Gedächtnis zurückgekehrt ist. In diesem Fall war dieses Ereignis in keiner Weise ›vergessen‹, sondern Gegenstand anhaltender Kontroversen, Krisen und diplomatischer Auseinandersetzungen. Worum es dabei ging, war allerdings nicht die historische Aufklärung über das Ereignis selbst, sondern ausschließlich die Frage seiner Benennung. Der Begriff

›Völkermord‹ bzw. ›Genozid‹ ist von Richard Lemkin, einem polnischen Juden, 1943 geprägt und 1948 im Anschluss an die Menschenrechtserklärung als Konvention zur Genozid-Verfolgung und Prävention bei der UN eingebracht worden. Damit wollte er den Schutz gefährdeter Individuen durch einen Schutz verfolgter und bedrohter ethnischer oder religiöser Minderheiten ergänzen. Lemkin hat mit diesem Begriff die Konsequenzen aus der Erfahrung der Ermordung großer Teile der polnischen Bevölkerung und der Vernichtung der europäischen Juden durch Nazi-Deutschland gezogen, und dabei wohl auch an das Schicksal der Armenier gedacht.[37]

Der armenische Genozid von 1915 fällt in die Verantwortung des Osmanischen Reichs und hier speziell der nationalistischen Partei der ›Jungtürken‹. Aus dem osmanischen Reich ist die Nation der Türkei, gegründet von Kemal Atatürk im Jahre 1923 hervorgegangen. Dieser Nachfolgestaat des Osmanischen Reichs hat bis heute nicht die historische Verantwortung für dieses Menschheitsverbrechen übernommen, sondern das Gegenteil betrieben: eine aktive Politik der Leugnung. Anders als die Juden befinden sich die Armenier deshalb in der Situation, dass sie ihre traumatische Geschichte nicht gemeinsam mit den Nachfolgern der Täter erinnern können, die diese Erinnerung im Gegenteil herunterspielen, in Frage stellen oder leugnen. Jenseits dieser Täter-Opfer-Konstellation hat sich inzwischen in mehr als 20 Staaten der Welt – von Argentinien bis Zypern – eine breite transnationale Politik der Anerkennung der Erinnerung der Armenier entwickelt, die auch das Europaparlament und den Vatikan einschließt. Je größer diese Erinnerungs-Allianz wird, desto problematischer

37 Sam Moyin, *The last Utopia. Human Rights in History*, Cambridge: University Press, 2010.

wird gleichzeitig der Status derjenigen Länder, die sich dieser Anerkennung verweigern, weil sie, ob sie dies wollen oder nicht, in den Verdacht einer aktiven Komplizenschaft mit der Vergessens-Politik der Türkei geraten.

In dieser Situation geht es auf politischer Ebene weniger um historische Aufklärung als um das Wort, mit dem das Ereignis bezeichnet werden soll. In der Türkei akzeptiert man den Ausdruck Massaker, perhorresziert aber das ›V-Wort‹. Von Völkermord, so die offizielle Version türkischer Historiker, könne schon deshalb nicht die Rede sein, weil es kein Dokument des osmanischen Reichs gebe, in dem von einer systematischen Zerstörungsabsicht die Rede sei. Die Worte ›Völkermord‹ und ›Genozid‹ sind hoch explosiv. Sie haben in politischen Debatten eine eigene Dynamik ausgelöst, die nicht mehr leicht zu kontrollieren ist. Das hat verschiedene Ursachen. Erstens sind die Worte inzwischen zu einer allgemeinen politischen Waffe geworden, die politische Aktivisten überall einsetzen, um sich als Opfer zu inszenieren und Aufmerksamkeit auf ihre Probleme zu lenken. Sie eignen sich gleichzeitig hervorragend, um den jeweiligen politischen Gegner maximal zu kriminalisieren und in den Augen der Weltöffentlichkeit zu demolieren. Andrej Purgin zum Beispiel, der bis 2015 Führer der ›Donezker Volksrepublik‹, einer russisch separatistischen Bewegung in der Ostukraine war, beschwerte sich in einem Interview über mangelnde humanitäre Unterstützung von der UNO mit den Worten: »Die Ukraine erschwert uns alles. Es ist ein Genozid nach regionalem Prinzip.« Seine pro-russische ›Volksbefreiung‹ reagiert auf demographische Veränderungen, die Purgin mit dem Label ›Genozid‹ brandmarkt: »Seit Jahren vernichtet die Ukraine die Russen als Volk. Von den 17 Millionen Russen, die es 1991 noch gab, bezeichneten sich 2013 nur noch vier bis fünf Millionen als Russen. Russische Opas und

Omas haben plötzlich ukrainische Enkelkinder: Das ist ein Ethnozid.«[38] Zweitens ist der Völkermord an den Juden inzwischen im globalen Bewusstsein zum wichtigsten herausragenden Exempel und Modell des Völkermords geworden. Mit diesem Begriff eröffnen sich automatisch Verweise auf den Holocaust, die einerseits genutzt werden, um aggressive Opferkonkurrenzen aufzubauen, und andererseits im Sinne eines ›multi-directional memory‹ (Michael Rothberg), um das Bewusstsein für andere, noch nicht anerkannte Genozide zu schärfen. Der Begriff Genozid schillert obendrein, weil er sowohl durch inflationären Einsatz entwertet wird, als auch durch Verbindung mit dem Holocaust tabuisiert ist. Das war zum Beispiel der Grund für Frank-Walter Steinmeier, sich in der Bundestagsdebatte am 24.4.2014 gegen eine Anerkennung des armenischen Genozids auszusprechen. Sein Argument war, dass er mit dieser Anerkennung die Bedeutung des Genozids an den Juden relativieren würde.

Das Thema hat sich zu einem heißen Eisen entwickelt, das man lieber schnell fallen lässt, wenn man eine Auseinandersetzung mit dem türkischen Staat oder den Türken in Deutschland befürchtet. Das Bundesland Brandenburg, das 2002 zum ersten Mal in Deutschland dieses Thema auf den Lehrplan des Geschichtsunterrichts gesetzt hatte, bekam umgehend einen so starken »internationalen diplomatischen Unmut« zu spüren, dass das Thema 2005 wieder gestrichen wurde.[39] Auch hundert Jahre nach den Ereignissen von 1915 zeigen die Ereignisse in Berlin, dass sich die politische Spitze in der Frage nach dem Gedenken an den armenischen Genozid weiterhin schwertut. Deutliche

38 Interview von Jutta Sommerbauer mit Andrej Purgin, *Die Presse*, 16.12.2014, 5.

39 Regina Mönch, »Völkermord an Armeniern vom Lehrplan genommen«, *FAZ* vom 24.1.2005.

Worte fand dagegen Präsident Joachim Gauck in einem ökumenischen Gedenk-Gottesdienst im Berliner Dom am 23.4.2015. Er sprach ausdrücklich vom »Völkermord an Armeniern, Aramäern, Assyrern und Pontos-Griechen« und wies auch auf die Mitschuld des deutschen Kaiserreichs als engstem militärischen Verbündeten des Osmanischen Reiches hin, das seine Rolle als Mitwisser und teilweise auch Mittäter noch nicht wirklich aufgearbeitet hat. Hitlers zynische Frage: »Wer redet heute noch von der Vernichtung der Armenier?« beantwortete Gauck 76 Jahre später mit dem emphatischen Ausruf: »Wir reden davon! Wir!«

Während sich am 24.4.2015 die meisten Abgeordneten in einer Bundestagsdebatte einig waren in der Anerkennung des historischen Ereignisses als Völkermord, hielt sich die Bundesregierung weiter bedeckt und vertrat die Auffassung, »dass die Aufarbeitung der Massaker und Vertreibungen von 1915/16 in erster Linie Sache der betroffenen Länder Türkei und Armenien ist«. Ein Jahr später folgte die Fortsetzung des diplomatischen Eiertanzes. Joachim Gauck und der Grünen-Sprecher Cem Özdemir waren treibende Kräfte in der Wiederaufnahme der Debatte. Nach einer einstündigen Diskussion im Bundestag wurde am 2. Juni 2016 die Armenien-Resolution mit nur einer Gegenstimme und einer Enthaltung angenommen. Mit dieser Resolution sind verschiedene Zielsetzungen verbunden: sich eindeutig gegenüber der Geschichte zu positionieren, die deutsche Mitschuld anzuerkennen und zur Versöhnung zwischen Armeniern und Türken beizutragen. Die Resolution hatte nur einen Schönheitsfehler: Die Kanzlerin Angela Merkel, ihr Vizekanzler Sigmar Gabriel und Außenminister Frank-Walter Steinmeier haben nicht mit abgestimmt, denn sie waren an diesem Termin leider verhindert.

Der Genozid an den Armeniern: Trauma und Erinnerung

Karl Kraus hat den Ersten Weltkrieg als »Generalprobe des Weltuntergangs« bezeichnet. Zu einem wirklichen Weltuntergang wurde der Exzess mörderischer Gewalt gegen die armenische Bevölkerung im Osmanischen Reich, der am 24. April 1915 begann und 1,5 Millionen Opfer forderte. Männer, Frauen, Greise, Kranke und Kinder waren der Gewalt wehrlos ausgesetzt, die diese Bevölkerungsgruppe aus Siedlungsgebieten in Ostanatolien und im Kaukasus vertrieb, in denen sie seit 2000 Jahren gelebt hatte. Sie wurden aus ihren Häusern geholt, ihrer Habe beraubt, in Lagern eingesperrt, auf grausamste Weise gedemütigt, gefoltert, aufgehängt, ertränkt, in Viehwaggons gepfercht und auf einen qualvollen langen Todesmarsch nach Osten in die syrische Wüste und mesopotamische Steppe getrieben, wo sie elend zugrunde gingen.

Nach dem so abrupten und gewaltsamen Verlust ihrer Familien, ihrer Städte und Dörfer, ihrer Lebenswelt, ihrer Kultur, ihrer Hoffnungen und ihrer Zukunft blieb den wenigen Überlebenden nichts anderes als die Erinnerung an diese Wunde. Da die Gewalt gegen sie als Armenier ausgeübt wurde, mussten sie nicht nur ihr eigenes Schicksal und das ihrer Familie, sondern auch das der gesamten Gruppe tragen. Sie haben darauf mit einer ›Erinnerungskultur‹ reagiert, die dem kollektiven Schmerz in mündlichen Erzählungen, in Musik, Literatur und liturgischen Traditionen Ausdruck verleiht. Durch diesen Leidschatz (um einen Begriff von Aby Warburg zu gebrauchen) der Erfahrung ihrer Vernichtung sind die Armenier auf neue Weise zu einem Kollektiv zusammengeschweißt worden. Seither sind sie nicht mehr nur durch ihre Jahrtausende umfassende Geschichte, ihre Religion und ihre kulturellen Traditionen miteinander verbunden, sondern gerade auch durch die Erfahrung, das Objekt eines beispiellosen historischen Verbrechens geworden zu sein. Die Pflege dieser Erinnerung wurde zur wichtigsten Stütze der Gemeinschaft und diente der Versicherung ihrer zukünftigen Existenz und Identität nach der Katastrophe der Vernichtung.

Für die Opfer einer solchen Katastrophe ist es dabei von größter Bedeutung, dass sie mit ihrer Erinnerung nicht allein bleiben, sondern dass ihre Erfahrung anerkannt und in der Weltöffentlichkeit mit Empathie geteilt wird. Solange eine Opfergruppe mit der Erinnerung an das ihr zugefügte Leid und Unrecht allein bleibt, setzen sich die Bedingungen ihrer Verfolgung und Auslöschung fort, denn Vernichtung und Vergessen sind ja der Grundimpuls hinter der Auslöschung einer Gruppe. Die einzige Möglichkeit, diesen Zustand absoluter Ohnmacht zu überwinden und in eine neue Phase der Wiedergewinnung von Würde, Identität und Sicherheit zurückzukehren, besteht darin, dass diese tiefe Wunde anerkannt und auch von außen bestätigt wird. Sobald die Erfahrung von Verfolgung und Vernichtung zum Teil einer Beziehungs-Geschichte und eines gemeinsamen Gedächtnisses geworden ist, sobald es dafür auch einen objektiven Rahmen des Forschens und Wissens und einen Ort im allgemeinen historischen Archiv gibt, wird die Last dieser Geschichte für die Opfer leichter. Solange jedoch Anerkennung, Empathie und Interesse ausbleiben, wiederholt sich der Schmerz tagtäglich.

Vom Genozid zum Mnemozid

Der Kampf um die Erinnerung an den armenischen Genozid dauert bis heute an. Das war jedoch nicht immer so. Anders als im Falle des Holocaust, wo es Jahre und Jahrzehnte dauerte bis die ganze Wahrheit über die

Vernichtung des europäischen Judentums die Weltöffentlichkeit erreichte, gab es über den Aghet, wie die Armenier die Katastrophe ihrer Vernichtung nennen, von Anfang an keinerlei Unklarheiten, Vertuschungen oder Spekulationen. Im Jahre 1915 gab es zwar Lemkins Begriff ›Völkermord‹ als Rechtsterminus noch nicht, aber was damals geschah, wurde von verschiedenen Seiten beobachtet und in einer deutlichen Sprache beschrieben. Es stand allen klar vor Augen und es war erst die Geschichte, die einen Schleier nach dem anderen über das Ereignis warf und die historische Wahrheit zu einem politischen Streitobjekt machte.

Nach dem Ende des Ersten Weltkriegs haben die Entente-Mächte das Verbrechen an den Armeniern explizit verurteilt, Strafen auferlegt und Wiedergutmachung gefordert. Das sog. ›Blaue Buch‹, das die Britische Regierung in Auftrag gegeben hat, enthielt 149 Dokumente und 15 Abschnitte, die zusammengenommen nachweisen, dass hinter den Massakern ein »überaus systematischer Plan« (exceedingly systematic plan) stand. Dieser offizielle Bericht bildete auch die Grundlage für die spätere Definition des Verbrechens als ›Völkermord‹ und seine juristische Bearbeitung. Aber auch unter den Türken des Osmanischen Reichs bestand zeitnah noch ein deutliches Unrechtsbewusstsein. Viele verurteilten, was sie gesehen hatten, es gab spontane Reaktionen wie die folgende: »Mich am Arm zu packen, mich aus meinem Dorf zu vertreiben und anschließend meinen Besitz und mein Eigentum verkaufen – solche Dinge können niemals statthaft sein. Das darf weder die Vernunft, noch das osmanische Recht zulassen.«[40]

Die Situation änderte sich jedoch radikal nach dem

40 Tigran Sarukhanyan, »Die Frage der materiellen Verantwortlichkeit für den Genozid an den Armeniern und Großbritannien (1915-1924)«, in: Tessa Hofmann, Hg., Verfolgung, Vertreibung und Ver-

Ersten Weltkrieg mit einem 2. Friedensvertrag und der Gründung der Türkischen Republik im Jahre 1923. Diese Neugründung ging mit einem Identitätswechsel einher, der den neuen türkischen Staat nicht nur vom osmanischen Reich, sondern auch von der Regierung der jungtürkischen ›Einheits- und Fortschritts-Partei‹ ablöste, die den Befehl zur Vernichtung der Armenier gegeben und umgesetzt hatte. Mit dem Gründungsakt des neuen Staates wurde eine *tabula rasa* geschaffen, die die Vorgeschichte des Verbrechens abspaltete und die Erinnerung daran tilgte. Die neue türkische Republik von 1923 schlug die Verantwortung für das Verbrechen aus, aber sie wurde im großen Umfang zum Profiteur des Verbrechens. Was 1915 mit der Vernichtung der Armenier eingeleitet worden war, das wurde nach 1923 fortgeführt und konsolidiert durch die staatliche Vereinnahmung armenischen Besitzes. So blieb die Positionsstelle der *Täter* leer. Mit der Fiktion einer historischen Stunde Null wurde eine unpassende, unbrauchbare und schwer zu integrierende Geschichte kurzerhand entsorgt. Es wurde nicht nur das Volk ausgegrenzt, verfolgt und getötet, sondern obendrein auch gleich noch das Gedächtnis an dieses Volk. Hitler war von diesem Vorbild genozidaler Politik stark beeindruckt. Kurz vor dem Überfall auf Polen im September 1939 sprach er von einer mitleidlosen Vernichtung der polnischen Bevölkerung. »Wir müssen mitleidslos wie Dschingis Khan Männer, Frauen, Kinder, Greise der polnischen Rasse vernichten.« Und, um diesen Entschluss zu bekräftigen, fügte er noch selbstsicher und zynisch hinzu: »Wer spricht denn heute noch von der Vernichtung der Armenier?«[41]

Da es aber nicht einfach ist, eine Geschichte, die von

nichtung der Christen im Osmanischen Reich, 1912-1922, Münster: Lit Verlag, 2004, 79-91; 80.

41 Dieser Satz stammt aus einer Geheimrede Adolf Hitlers, die bei

vielen Seiten bezeugt und im kollektiven Gedächtnis der Opfer tief verankert ist, so einfach loszuwerden, musste sie obendrein aktiv verleugnet werden. Das zeigt sich gerade auch in der Begehung von offiziellen Kommemorationsdaten. Im April 2015 wurde in der Türkei mit dem Näherrücken des 24. April die Atmosphäre immer gespannter: Wie würde man sich gegenüber den weltweiten Erinnerungen an den armenischen Genozid behaupten? Die türkische Politik machte sich zunutze, dass für sie zwei historische Daten nahe beieinanderliegen: der Beginn des armenischen Genozids am 24. April 1915 und der türkische Sieg an den Dardanellen am 25. April 1915 über die Entente-Mächte während des Ersten Weltkrieges und ihre kolonialen ANZAC-Truppen aus Australien und Neuseeland. Man ging der Erinnerung an den 24. April 1915 einfach dadurch aus dem Wege, dass man den Erinnerungstag des 25. April 1915 kurzerhand auf den 24.4. vorverlegte. Auf diese Weise wurde eine Tätergeschichte mit einer Siegergeschichte überschrieben. Die ehemaligen Feinde von Gallipoli sind längst versöhnt und zusammengebunden in einer Allianz der Erinnerung zwischen Siegern und Verlierern: Die Türkei ist für die Angehörigen der ANZAC-Truppen zur Hüterin ihres nationalen Gedächtnisortes, der verlustreichen Niederlage in Gallipoli, geworden. Es besteht somit ein eklatanter Kontrast zwischen dem Gedenkdatum des 24.4.1915 und dem des 25.4.1915. Der Sieg über die ANZAC-Truppen sollte die Erinnerung an das armenische Leid überschreiben und damit auslöschen. Das war ein Totalangriff auf die Erinnerung: auf den Genozid folgt der Mnemozid.

einem Treffen mit den Oberkommandierenden auf dem Obersalzberg am 22. August 1939 verbotenerweise mitgeschrieben wurde.

In der Türkei ist die Leugnung des armenischen Genozid bis heute Staatsräson und in vier Säulen des Staates fest verankert: in der Politik, im Rechtssystem mit dem Paragraphen gegen Beleidigung des Türkentums, im Bildungswesen mit der Kontrolle über die Geschichtsbücher und im Militär. Es gibt aber auch eine wichtige Ausnahme, und das ist die Zivilgesellschaft. In dieser zeigt sich ein wachsendes Interesse, verbunden mit einem empathischen Umgang mit der tabuisierten eigenen Geschichte. Dafür möchte ich einige Beispiele anfügen. Seit 2009 haben 28.000 türkische Bürger in einer Internetkampagne das getan, was das Staatsoberhaupt von sich weist: Sie haben sich für die ›Große Katastrophe‹ entschuldigt.[42] Seit der Jahrtausendwende ist überraschend noch eine weitere Gruppe von überlebenden Zeugen dazugekommen, die sich erst spät ihre Identität als »Opfer« der Vernichtung eingestanden und ihre Erinnerungen an ihre Enkel weitergegeben haben. Dabei handelt es sich um junge Mädchen, die damals aus dem Zug der Todesmärsche herausgeholt und mit einer neuen muslimischen Identität in türkischen Fa-

42 »Mein Gewissen akzeptiert nicht, gegenüber der Leugnung der großen Katastrophe, die den Armeniern des Osmanischen Reiches widerfahren ist, gleichgültig zu bleiben. Ich weise diese Ungerechtigkeit zurück und entschuldige mich bei meinen armenischen Brüdern und Schwestern, deren Gefühle und Schmerzen ich teile«, heißt es im Text. Von einer Strafverfolgung der Unterzeichner dieser Erklärung aufgrund von §301, der die Verunglimpfung der Ehre des Türkentums unter Strafe stellt, wurde damals noch abgesehen. »Der Chefankläger in Ankara entschied in dem Fall, die Haltung Andersdenkender sei in demokratischen Gesellschaften von der Meinungsfreiheit geschützt. Der türkische Generalstab hatte die Kampagne als falsch und schädlich kritisiert. Auch Regierungschef Recep Tayyip Erdogan lehnte die Initiative ab. ›Ich habe kein Verbrechen begangen, warum soll ich mich entschuldigen?‹, sagte er.« Die Welt vom 27.1.2009. (DPA/AFP) Vgl. dazu den Artikel von Ayse Hür, »Ich entschuldige mich für meine Nicht-Entschuldigung« – Vergangenheitsbewältigung 2009, 2015«, http://www.hay-society.de/haysociety/gesellschaft-a-politik/290-vergangenheitsbewaeltigung-2009-2015.

milien aufgenommen wurden. Nach Zwangskonversionen verloren sie den Zugang zu ihrer früheren Identität und wuchsen in einer Welt auf, in der nichts mehr an ihr früheres Leben und ihr kollektives Leid erinnerte. Sie haben ihr Leben um den Preis des Vergessens und Schweigens wiedergewonnen. Der Kontext für die Rückkehr ihrer Erinnerung war nicht die armenische Nation oder Diasporagemeinde, sondern die Familie inmitten der türkischen Gesellschaft. Diese sehr persönlichen Erinnerungseruptionen, die sich in den letzten Jahren in türkischen Familien ereigneten, haben die klar definierten Kategorien und streng bewachten Grenzziehungen unterlaufen, mit denen die Geschichte entsorgt werden sollte. Bei diesem neuen Erinnerungsschub spielen die Medien Literatur und Film eine wichtige Rolle. In dem eindrucksvollen Buch von Fethiye Çetin mit dem Titel *Meine Großmutter* hat eine türkische Enkelin die Geschichte ihrer armenischen Großmutter aufgeschrieben und damit eine starke Erregung und Erschütterung in der türkischen Gesellschaft ausgelöst.[43] Während die Politik weiterhin einen ideologischen Schutzwall um das Land zieht, der Informationen abwehrt, die Menschen einschüchtert und Kommunikation unterbindet, findet im Herzen der türkischen Gesellschaft längst eine intensive emotionale Auseinandersetzung mit der eigenen Geschichte statt, die von den nachwachsenden Generationen aufgenommen wird.

43 Sibylle Thelen, *Die Armenierfrage in der Türkei*, Berlin: Klaus Wagenbach, 2010, 66-68. In seiner Autobiographie *Black Dog of Fate* (1997; deutsche Übersetzung: Die Hunde vom Ararat) erzählt Peter Balakian seine Reise in die Geschichte des armenischen Genozids, die mit den sinnlichen Erinnerungen an seine Großmutter beginnt.

Der armenische Genozid als Teil der deutschen Geschichte

Was wissen wir in Deutschland überhaupt noch von diesem Ereignis, das auch Teil der deutschen Geschichte ist? Deutschland war mit den Türken des Osmanischen Reichs im Ersten Weltkrieg verbündet. Von diesem Partner versprach man sich eine wichtige militärische Unterstützung. Als das Deportieren und Ermorden der armenischen Bevölkerung begann, waren deutsche Politiker und Berichterstatter vor Ort. Das bedeutete, dass ihnen damit die unfreiwillige Rolle von (Zeit-)Zeugen zufiel. Während sich in der Logik des Krieges *zwei* klar definierte Gruppen gegenüberstehen: *Sieger* und *Verlierer*, sind bei einem Menschheitsverbrechen *drei* Gruppen involviert: *Täter, Opfer und Zuschauer*. Angesichts des Verbrechens, mit dem sie monatelang konfrontiert waren, standen diese Zuschauer vor einer ethischen Entscheidung: Sie konnten sich auf die Seite der Täter stellen und zu *Komplizen* und Gehilfen des Mordens werden, sie konnten sich aber auch auf die Seite der Opfer stellen und zu *Zeugen* eines bis dahin unvorstellbaren historischen Verbrechens werden. »Das Verbrechen gegen die Menschlichkeit«, wie es schon damals genannt worden ist, konnte den internationalen Beobachtern nicht entgehen.[44] Von der ersten Stunde an erfuhren Botschafter und Vertreter anderer Staaten und Einrichtungen von der Ausübung genozidaler Gewalt, die in der Sprache der Zeit

44 Die Formulierung stammt aus einem Bericht des amerikanischen Botschafters in Konstantinopel Henry Morgenthau, der von 1913-1916 als Zeitzeuge die Ereignisse aus nächster Nähe beobachten konnte. Er verfasste die Berichte *The Tragedy of Armenia* (London, 1918) und *Ambassador Morgenthau's Story* (New York, 1918). Morgenthau hielt es sogar für möglich, dass die Idee des Völkermords von deutschen Offizieren ausgegangen ist, die als Berater halfen, das desolate osmanische Heer zu reorganisieren.

von Anfang an einen unmissverständlichen Ausdruck fand. In türkischen Mitteilungen war von der »Vernichtung der Armenier«, von einem »gründlichen Aufräumen mit inneren Feinden« und der »gänzliche(n) Ausrottung (der Armenier) in der Türkei« die Rede. Es gab umgehend auch internationale Reaktionen: der amerikanische Botschafter Henry Morgenthau sprach von einem »Todesurteil gegen eine ganze Rasse« und er fügte hinzu: »Ich bin sicher, dass die gesamte Geschichte der Menschheit noch nicht einen solch grausamen Vorfall erlebt hat. Die großen Massaker und Verfolgungen der Vergangenheit wirken geradezu unbedeutend, verglichen mit den Leiden des armenischen Volkes 1915.« Der deutsche Kanzler Bethmann Hollweg sprach ebenfalls von etwas, das in der Geschichte noch nie da gewesen sei. Damit meinte er aber keineswegs die Vernichtung einer ganzen Volksgruppe, sondern die Maßregelung eines Bündnispartners während des Krieges. Er argumentierte nicht moralisch, sondern strategisch, als er mitteilte: »Unser einziges Ziel ist, die Türkei bis zum Ende des Krieges an unserer Seite zu halten, gleichgültig ob darüber Armenier zu Grunde gehen oder nicht. Bei länger andauerndem Kriege werden wir die Türken noch sehr brauchen.«[45]

Neben Politikern und Diplomaten waren die Gewaltaktionen gegen die Armenier aber auch Gegenstand der Wahrnehmung von Wissenschaftlern, Ärzten, Fabrikanten, Ingenieuren, Missionaren und Krankenschwestern unterschiedlicher Länder. Hier sind auch die Deutschen zu nennen, die damals als Zeitzeugen vor Ort waren. Ob sie Zuschauer blieben, die sich von der Katastrophe abwendeten oder moralische Zeugen der Vernichtung wurden, hing

45 Jürgen Gottschlich, *Beihilfe zum Völkermord. Deutschlands Rolle bei der Vernichtung der Armenier*, Berlin: Ch. Links Verlag, 2015, 219.

damals von ihrer je eigenen Entscheidung ab. Unter den Deutschen gab es Beispiele für beides: ein Politiker wie Bethmann Hollweg dachte ausschließlich in der Logik des Krieges, in der Opportunismus und Pragmatik vor moralischen Erwägungen rangieren. Aber es gab auch solche, die die moralische Verantwortung ihrer Zeugen-Rolle vor der Weltöffentlichkeit ernst nahmen. Zu ihnen gehörten u.a. Johannes Lepsius, der einen ausführlichen »Bericht über die Lage des Armenischen Volkes in der Türkei« (1916) verfasste, Armin T. Wegner, der eine detaillierte fotografische Dokumentation anlegte, oder Franz Werfel, der historische Dokumente in dem bewegenden Roman *Die vierzig Tage von Mussa Dagh* (1932) verarbeitete.

Die gravierenden Unterschiede zwischen dem Aghet und der Shoah dürfen auf keinen Fall eingeebnet werden. Es gab 1915 keine zielstrebige Bürokratisierung des Todes, keine fabrikmäßige Produktion von Leichen; vielmehr wurden die Armenier grausam abgeschlachtet und ein großer Teil der wehrlosen Menschen einem qualvollen Sterben in der Wüste ausgeliefert. Es gibt aber einige wichtige Parallelen. Geoffrey Hartman zählt die grausamen Episoden der armenischen Leidensgeschichte auf: »Entwürdigung, Plünderungen, Deportationen, Pogrome, Folter, In Brand Setzung, Massaker«. Und er fügt hinzu: »Niemandem können die Parallelen mit dem Holocaust entgehen«.[46]

Als eine wichtige Parallele ist hier die Verbindung von Krieg und Menschheitsverbrechen zu nennen. Unter dem Schutz und Deckmantel des Krieges, aber auch unter dem Druck von Niederlagen kam es zu einer extremen Radikalisierung der Gewalt gegen Minderheiten. Die Bereitschaft zur Entfesselung von Gewalt entstand aus einer hochge-

46 Geoffrey Hartman, *A Scholar's Tale. Intellectual Journey of a Displaced Child of Europe*, New York: Fordham, 2007, 25.

fährlichen Mischung aus Angst und Aggression, die von der staatlichen Propaganda geschürt wurde. Sie traf die wehrlosen Opfer unvorbereitet, die keinen Namen für das beispiellose Geschehen hatten. Der Staatsterror bediente sich in beiden Fällen einer klinisch abstrakten und rein funktionalistischen Sprache. Man sprach von der ›Lösung der armenischen‹ bzw. ›der jüdischen Frage‹. Dabei ging es nicht um einzelne Mitglieder der Gemeinschaft, sondern jeweils um das Kollektiv als Ganzes, das ausgelöscht werden sollte. Auch in den Stufen des Ablaufs wiederholte sich das Verbrechen. Es begann mit der Diskriminierung, der Degradierung und Herabstufung einer Bevölkerungsgruppe, setzte sich fort mit dem Ausschluss ihrer Führungsschicht aus den Institutionen, spitzte sich zu in der aggressiven Konstruktion von Feindbildern, die die Gruppe als ›inneren Feind‹ und unmittelbare Gefahr für das Überleben der Mehrheitsgesellschaft stigmatisierten, und wurde umgesetzt in Umsiedelungen und Deportationen,[47] Pogromen und Massakern, in Plünderung und Aneignung materieller Güter, in der Zerstörung von Kulturgütern, darunter zahllose Synagogen, 1500 armenische Kirchen und Klöster, und mündete schließlich in die massenhafte Ermordung wehrloser Menschen. Die brutale Logik dieser Gewalteskalation wird in der Perspektive der Täter in einem makabren Satz zusammengefasst: ›Wir werden sie liquidieren, bevor sie uns eliminieren.‹[48]

47 »Im Westen Anatoliens wurden die Armenier oft in Viehwagen [...] verschickt. Die Fahrt mussten sie selbst bezahlen.« Und eine Augenzeugin schrieb dazu: »menschliche Wesen, die man schlimmer als Vieh behandelte«. Rolf Hosfeld, *Tod in der Wüste. Der Völkermord an den Armeniern*, München 2015, 192, 193.

48 Rolf Hosfeld, *Tod in der Wüste*, 149.

Das Massaker an den Hereros und Nama – der erste Genozid im 20. Jahrhundert

Der Papst hat im April 2015 die Deportation und Ermordung der Armenier als Völkermord bezeichnet und dabei von »drei großen, unerhörten Tragödien« gesprochen, die die Menschheit im vergangenen Jahrhundert erlebte. Die Gewalt, die das armenische Volk traf, sei »der erste Genozid des 20. Jahrhunderts« gewesen, auf den mit dem Holocaust (1941-45) und dem Holodomor in der Ukraine (1932-33) die Verbrechen Hitlers und Stalins folgten. Die armenische Katastrophe war jedoch nicht der erste Genozid im 20. Jahrhundert. Zwischen 1904 und 1908 kam es nach Aufständen afrikanischer Stämme gegen die deutsche Kolonialmacht im ehemaligen Südwest Afrika und heutigen Namibia zu Massakern an den Ureinwohnern. Deren Männer wurden nicht nur mit überlegener Waffentechnik ermordet, auch Frauen, Kinder und alte Menschen wurden durch das Abschneiden von Wasserstellen und damit durch Verdursten gezielt zu Tode gebracht. Der Aktionsbefehl des damaligen Generalleutnants Lothar von Trotha setzte sich explizit über die internationale Genfer Konvention hinweg und richtete sich auf die »vollständige Vernichtung der gesamten Nation« im Rahmen eines kolonialen Rassenkampfes. Damals waren keine internationalen Zeugen vor Ort, die der Welt von diesem Genozid hätten Bilder und Berichte geben können. Die Zahl der Opfer war immens: 80.000 Hereros und 10.000 Anhänger des Stammes Nama starben, das sind etwa 80% der jeweiligen Gesamtbevölkerung. Die Überlebenden wurden in Konzentrationslagern interniert; ein Modell, das von den Buren in Afrika eingeführt wurde. In diesen Lagern starb die Hälfte aufgrund von Seuchen und mangelnder Versorgung. Auslöser der Kämpfe war eine expansive koloniale Siedlungspolitik: es ging um Eroberung und die Aneignung von Landbesitz, was zu einer Vertreibung der indigenen Bevölkerung von ihrem angestammten Weideland führte. Damit war zugleich das Überleben der Menschen in dieser Region in Frage gestellt. Auch damals gab es deutliche Kritik in den Reihen der Politiker: August Bebel zum Beispiel, Mitbegründer der deutschen Sozialdemokratie und Publizist, sprach von der »Vernichtung und Ausrottung der Eingeborenen« und verurteilte die Verantwortlichen aufs Schärfste: Diese Politik könne jeder Metzgerknecht betreiben, dafür brauche man nicht General oder hoher Offizier zu sein.

Die Gegenwart und Zukunft kolonialer Vergangenheit

Auch diese Vergangenheit, die sich immer weiter auf der Zeitachse entfernt, rückt mit immer größerer Dringlichkeit an uns heran. Sie ist, woran uns die Opfer erinnern, noch ein Teil der Gegenwart. Es hat sich vielfältig erwiesen, dass Ignorieren, Verleugnen und die Auslöschung einer traumatischen Geschichte kein tragfähiges Fundament für einen Rechtsstaat sein kann, denn durch Schweigen und Leugnen lösen sich nicht-bearbeitete Altlasten mit zeitlichem Abstand eben nicht einfach auf. Es ist im Augenblick viel in Bewegung geraten, nicht nur in Bezug auf Armenien. Die Eiszeit des Vergessens der deutschen Kolonialgeschichte ist vorbei. Auch hier erleben wir gerade ein Aufsteigen aus dem Vergessen auf Raten, das jedoch eine Vorgeschichte hat. Den Anfang machten wie immer die Literaten, Künstler und Wissenschaftler. Bereits 1978 veröffentlichte Uwe Timm seinen Roman *Morenga* über die verdrängte deutsche Kolonialgeschichte. Drei Jahre später gab er im Rahmen des neuen Konzepts einer ›AutorenEdition‹ einen Bildband mit dem Titel *Deutsche*

Kolonien[49] über 35 Jahre deutscher Kolonial-Herrschaft in Afrika, auf den Südseeinseln und im chinesischen Kiautschou (1884 bis 1918) heraus, den er aus Archiven und Privatsammlungen zusammengestellt und mit kurzen Kommentaren versehen hat. Neben den sog. ›Schutztruppen‹ Kaiser Wilhelms spielten in dieser Geschichte Kaufleute und Missionare eine unrühmliche Rolle. Timm kommentiert: »Damals wurde zwar in allen Kolonien kräftig geprügelt, in den deutschen vielleicht doch noch etwas mehr, im Alltag spontan mit der Faust oder dem Fuß, amtlich und darum aktenkundig mit der Nilpferdpeitsche oder dem Tauende.«

Ein breiteres Interesse in der Bevölkerung und konstruktive Signale der Politik ließen jedoch noch lange auf sich warten. Von offizieller Seite wurde der Begriff des Völkermords für die koloniale Form der Kriegführung in Namibia mit einem sehr simplen Argument verworfen: ein Begriff, der erst nach dem Zweiten Weltkrieg seine rechtliche Definition erhalten hat, könne nicht rückwirkend auf Ereignisse angewendet werden, die historisch vor diesem Datum liegen. (Unter diesen Voraussetzungen könnte man auch beim Holocaust nicht von einem Völkermord sprechen!) 2004 reiste die Bundesentwicklungshilfeministerin Heidemarie Wieczorek-Zeul nach Namibia und nahm dort an einer Hundert-Jahre-Gedenkfeier der Schlacht am Waterberg teil, bei der historische Szenen nachgespielt wurden. Zu diesem Zeitpunkt wurde von Seiten der deutschen Regierung bereits eine politische und moralische Verantwortung an der Geschichte übernommen, die Anerkennung des historischen Verbrechens jedoch noch mit dem Stichwort ›Entwicklungshilfe‹ verarbeitet. Am 9. Juli 2015 bezeichnete Bundestagspräsident Lammert die Mas-

49 Uwe Timm, *Deutsche Kolonien*, Königstein/Taunus, 1981.

saker und die Form der deutschen kolonialen Kriegsführung in Afrika als ›Völkermord‹ und hat dies bei einem Besuch in Namibia im Oktober 2015 wiederholt. Im Juni 2016 wurde in der Böll-Stiftung in Berlin ein Fraktionsbeschluss der Grünen mit dem Titel: »Geschichten der Vielfalt: Erinnerungskultur in der Einwanderungsgesellschaft« vorgestellt. In dem Positionspapier ist ausdrücklich von der »deutschen Kolonialgeschichte und anderen weißen Flecken« die Rede:

> »Die Verbrechen des deutschen Kolonialismus gehören zu den am meisten verdrängten Etappen der deutschen Geschichte. Die Aufarbeitung beginnt gerade erst, vor allem aufgrund des öffentlichen Drucks zivilgesellschaftlicher Initiativen wie ›Berlin Postkolonial‹ oder ›Freiburg Postkolonial‹. [...] Die Art und Weise, wie wir als Gesellschaft die deutsche Kolonialgeschichte zum Thema machen, kann Auskunft geben über den Status quo der deutschen Gesellschaft und den Prozess der Globalisierung, zu dessen Geschichte der Kolonialismus gehört. Unabhängig davon ist die Aufarbeitung der Kolonialgeschichte eine moralische Verantwortung – gerade im Kontext der aktuellen Flüchtlingsdebatte darf die koloniale Gewaltgeschichte nicht ausgeblendet werden. Viele Menschen aus ehemaligen Kolonien sind bereits eingewandert und weitere werden nach Deutschland kommen. Sie bringen die ins kollektive Gedächtnis ihrer Heimatländer eingebrannten Kolonialerfahrungen mit.«[50]

Im Juli 2016 hat nun auch die Bundesregierung in einem offiziellen Dokument die Massaker an den Herero und

50 »Geschichten der Vielfalt. Erinnerungskultur in der Einwanderungsgesellschaft« (10.5.2016), Ulle Schauws, Sprecherin für Kulturpolitik, Aram Lintzel, Referent für Kulturpolitik – 227-55133.

Nama als Völkermord anerkannt. Nächste Schritte sind geplant. Dazu gehören eine gemeinsame Resolution des Bundestages mit dem namibischen Parlament, in der der Völkermord verurteilt wird, sowie eine offizielle Entschuldigung der Bundesrepublik durch Bundespräsident Joachim Gauck.

Solche Erklärungen sind der Abschluss einer Periode des Schweigens und Vergessens, aber erst der Anfang weiterer Solidaritätsbekundungen und Versöhnungsmaßnahmen. So müssen vor allem die Forderungen der Opfer gehört und anerkannt werden: Entschuldigung, Reparationen, gemeinsame Projekte für die Zukunft und die Rückführung menschlicher Überreste. Denn zur Kolonialpolitik gehörte eine ausgedehnte Rassenforschung, die die Überlegenheit der weißen Herrenrasse über minderwertige Rassen wissenschaftlich begründen und auf einer breiten Evidenz bestätigen wollte. Für diesen Zweck wurde ein maßloser Raub menschlicher Gebeine und Totenschädel organisiert. Die Schädel mussten vielfach von den Angehörigen selbst gereinigt und zum Versand verpackt werden. In Schränken und Schubladen der anthropologischen Institute, in Naturkundemuseen, in Magazinen und Kliniken befinden sich uferlose Sammlungen von Schädeln, Gebeinen, Fotografien und Messwerten einer Forschungsrichtung, die seit Ende des Zweiten Weltkriegs aus dem Kanon der Wissenschaften verschwunden ist. Die vergessenen Rückstände aber haben sich damit nicht einfach in Luft aufgelöst, sondern bilden einen heiklen Bodensatz an Altlasten, der noch mit einer akribischen Provenienz-Forschung zu bearbeiten ist. 2011 nahm eine Delegation aus Namibia in einem Hörsaal der Berliner Charité 20 Totenschädel entgegen. Die Zeremonie missglückte aufgrund fehlender Rahmung und Kommunikation. Es fehlte auf deutscher Seite an Erfahrung, Imagination, Empathie und Sensibilität. Das

Auftauchen aus dem Vergessen ist ein mühsamer und langwieriger Prozess, der in die Zukunft offen ist. Aber in dieser schwierigen Bergungsarbeit aus dem Vergessen liegt eine befreiende Möglichkeit: diese traumatische koloniale Beziehungsgeschichte zu erinnern, um sie neu und anders weiterzuerzählen. Auch das sind Themen, die im Rahmen der Diskussion um das neue Humboldt-Forum im Berliner Schloss einen Platz finden können.

Nakba und Holocaust – Palästinensische Erinnerungsorte in Israel

Raum und Vergessen

»Groß ist die Kraft der Erinnerung, die Orten innewohnt« (tanta vis admonitionis in locis). Dieser Satz stammt von Cicero, dem Theoretiker der römischen Mnemotechnik.[51] Orte haben aber nicht nur eine immanente Erinnerungskraft, sie sind ebenso sehr Schauplätze eines passiven und aktiven Vergessens. Es gibt belastete und belastende Orte, die Erinnerungen festhalten, von denen man sich unbedingt trennen möchte. Dazu gehörte zum Beispiel das Militärgefängnis Spandau, das Ende des 19. Jahrhunderts errichtet worden war. Nach 1945 übernahmen die Alliierten dieses Gefängnis, in dem sie sieben in Nürnberg verurteilte Kriegsverbrecher des NS-Regimes unterbrachten. Nach dem Tod des letzten Insassen Rudolf Hess im Jahre 1987 wurde das Gebäude abgerissen und sorgfältig abgetragen. Es sollte keine Spur dieser abgelaufenen Geschichte mehr einem neonazistischen Gedenken einen Anhaltspunkt bieten. Ein weiteres Beispiel ist das Geburtshaus Adolf Hitlers in Braunau am Inn aus dem 17. Jahrhundert, das unter Denkmalschutz steht. Nachdem verschiedene Nutzungs- und Abreißpläne vorgelegt wurden, berät seit 2016 eine Historikerkommission über die Zukunft des Hauses. Zwei weitere Beispiele: Der Keller des Hauses in Amstetten, in dem der Inzest-Täter Josef Fritzl seine Tochter 24 Jahre lang gefangen gehalten hat, wurde zuzementiert. Da

51 Cicero, De finibus bonorum et malorum. Über das höchste Gut und das größte Übel, übers. und hg. v. Harald Merklin, Stuttgart 1989, V. 1-2. 394-396.

sich das Anwesen dennoch nicht verkaufen ließ, wurde es abgerissen. Natascha Kampusch, die acht Jahre von einem Entführer gefangen gehalten wurde, hat das Haus ihres Peinigers 2008 erworben; ob oder wann sie es abreißen lassen wird, ist noch nicht entschieden. Jenseits solcher skandalumwitterter Orte öffnet die Perspektive auf Raum und Vergessen eine Reihe wichtiger und schwieriger Fragen: Wie schreibt sich Geschichte in den städtischen Raum ein, wie wird sie in ihm verankert, gelöscht, umkämpft, verändert, erneuert? Und wer entscheidet und kontrolliert, was an bestimmten Orten erinnert und was vergessen wird?

Diese Fragen sollen hier an einem aktuellen geographischen Beispiel untersucht werden. Seit 2011 fährt eine Straßenbahn durch Jerusalem, die entgegengesetzte Teile der Stadt miteinander verbindet. Das war der Anstoß im Museum Hohenems, diese 14 km lange Strecke zwischen Pisgat Ze'ev und Herzlberg, die den Westen der Stadt mit jüdischen Siedlungen im palästinensischen Ostteil der Stadt verbindet, zum Gegenstand einer Ausstellung zu machen. 2015 waren die Besucher zu einer ›Reise durch Yerushalayim-Jerusalem-Al Quds‹ eingeladen, um anhand von Fotos unterschiedliche Perspektiven auf die heilige Stadt zu gewinnen und zugleich etwas vom Alltag dieser so multikulturellen und konfliktträchtigen Stadt zu vermitteln, die von Juden, Christen und Muslimen bewohnt wird.

Das Straßenbahn-Projekt vollzieht bewusst und eindrücklich, was das Transportmittel in selbstverständlicher Alltäglichkeit tut: Es verknüpft unterschiedliche Gebiete, Wahrnehmungen und Sprachen, die hier auf engem Raum aneinanderstoßen und sich überlappen. Ich möchte dieses Projekt, das eine horizontale Verbindung im Raum herstellt, mit einem anderen vergleichen, das vertikale Verbindungen herstellt. Vertikale Verbindungen werden vor allem von Archäologen hergestellt, die verborgene Zeitschichten ausgraben und mit der Gegenwart verbinden. In der mit historischen Spuren angereicherten Landschaft ist Archäologie nicht unumstritten, weil sie eine wichtige Rolle bei der Erzeugung von Evidenz für religiöse und politische Narrative spielen kann. In solchen Fällen werden materielle Relikte und Objekte in dem Maße ausgegraben und wertgeschätzt, wie sie religiöse Mythen und säkulare Geschichtsbilder bestätigen. Etliche Archäologie-Projekte in Israel haben eine klare nationale Botschaft, welche lautet: Das hier ist unser Land! Amos Elon hat deshalb die Archäologie als das Hobby Israels bezeichnet, wo nach den Wurzeln der Identität gegraben werde. Über die entgegengesetzte Strategie der Auslöschung einer unliebsamen Vergangenheit schreibt Jo Roberts: entweder graben oder bauen (»either you dig or you build«)!

Ein Land und drei Narrative

Vertikale Verbindungen zur Vergangenheit können im Raum aber auch hergestellt werden, ohne den archäologischen Spaten anzusetzen und in historische Tiefen zu dringen. Dafür müssen nur die unscheinbaren Spuren und Reste wahrgenommen werden, die gerade noch sichtbar sind oder unwillkürlich bei Bauprojekten wieder zum Vorschein kommen. Was auf diese Weise wieder rückgängig gemacht wird, ist ein passives Vergessen. Anders als das aktive Vergessen der *damnatio memoriae*, das Denkmäler stürzt und widerständige Symbole beseitigt, geschieht passives Vergessen dadurch, dass man dem Zahn der Zeit seinen Lauf lässt, Gras wachsen lässt und den bestehenden Raum mit seinen Strukturen und Resten als eine *tabula rasa* für neue Projekte begreift. Auf diese Weise legt sich ›automatisch‹ eine neue Schicht über das Bestehende, die das Vorangehende zudeckt und damit zugleich aus dem Bewusstsein der Gesellschaft beseitigt. Raum, so der französische Historiker Henri Lefebvre, ist »mehr als ein Theater, eine Bühne oder ein Setting für Handlung. Raum ist nicht nur eine neutrale Voraussetzung, sondern hat einen aktiven Anteil am Geschehen als Instrument und Ziel, Mittel und Zweck.«[52] Wie die cultural studies seit dem ›spatial turn‹ betonen, ist Raum kein neutraler Schauplatz, sondern »eine soziale Konstruktion«, die Gegenstand stetiger Formung und Umformung ist.[53] Was dabei jeweils im Blick bleibt und was ausgemustert wird, das entscheiden die sozialen, kulturellen und politischen Rahmen.

Israels Verhältnis zum Raum ist nicht nur das der ›kreativen Zerstörung‹ der westlichen Nationen, die beständig das Alte schleifen, um es durch etwas Neues zu ersetzen. Es ist auch das Verhältnis der Eroberung und Kolonisierung eines Landes, das mit dem politischen Sieg im Unabhängigkeitskrieg (1948) einen Bruch vollzog, der als radikaler Neubeginn und *tabula rasa* definiert wurde. 1948 war die Geburtsstunde der israelischen Nation, die mit der Gründung eines eigenen Staates auch zum ersten Mal in der Geschichte seit 135 n.Chr. eine politische Identität wiedergewann. Von diesem Jahr an beginnt eine neue Zeitrechnung. Da viele nachmalige Israelis bereits jahrzehntelang als jüdische ›Palästinenser‹ in diesem Land gelebt hatten, war ihnen durchaus bewusst, dass ihr Land vor der Eroberung durch die israelische Armee auch von arabischen Palästinensern besiedelt gewesen war. Sie waren die Nachbarn, mit denen man zusammengelebt hatte, die man gekannt und auf deren Bauernhöfen man als Kind gespielt hatte. Mit der Zäsur des Krieges und der Vertreibung der arabischen Palästinenser aus ihren Häusern, Städten, Dörfern und Bauernhöfen wur-

52 Henri Lefebvre, *La Production de l'espace* 1974, Engl. trans. The Production of Space, 1991, 410f.

53 Edward Soja, *Postmodern Geographies. The Reassertion of Space in Critical Social Theory,* 1989, 10. Vgl. auch: ders., *Thirdspace. Journeys to Los Angeles and Other Real-and Imagined Places,* 1996.

de diese frühere Zeit des gemeinsamen Zusammenlebens in Palästina jedoch abrupt vergessen. Indem palästinensische Häuser und Besitz entweder abgetragen oder angeeignet wurden, wurde auch die Vorgeschichte des neuen Staats abgeschnitten, die im kommunikativen Gedächtnis der älteren Generationen gerade noch präsent ist. Mit der Gründung des eigenen Staates war diese Vorgeschichte jedoch unbrauchbar geworden und musste vergessen werden, weil sie nicht mehr in das Narrativ des Neuen Staats passte. Der Triumph der israelischen Selbstbefreiung war das symbolische Gründungskapital, das auf keinen Fall von der Leidensgeschichte des arabischen Gegners überschattet werden durfte. Die Leiden der Palästinenser konnten schon deshalb im Bewusstsein der neuen Nation keinen Platz beanspruchen, weil sich die israelische Nation nach dem Eichmann-Prozess zu Recht immer stärker als eine ›Opfernation‹ verstand. Diese Opfernation hatte zudem ein starkes Erinnerungsgebot. Es war von nun an ihre Mission, die Welt von dem Megaverbrechen des Holocaust in Kenntnis zu setzen, das die Deutschen und andere Komplizen an ihnen verübt hatten, während die Welt indifferent zugeschaut hatte.

Alon Confino hat die Begriffe Holocaust und Nakba auf ihre Parallelen und Unterschiede hin befragt. Sie stehen für zwei traumatische Gründungsereignisse, die für zwei nationale Kollektive den wichtigsten Wendepunkt ihrer Geschichte darstellen und ihre Opfer-Identität definieren. Während die Geschichte des Holocaust für die Juden jedoch abgeschlossen ist, setzen sich die Bedingungen der Nakba weiterhin fort und bestimmen die Gegenwart. Während die Palästinenser nicht für das Schicksal der Juden verantwortlich sind, ist die israelische Armee für die Vertreibung der Palästinenser, für die Aneignung ihres Besitzes und das Verbot der Rückkehr der Flüchtlinge verantwortlich. Anstatt die Tragödie der Palästinenser mit in ihre Erinnerung aufzunehmen, sind die Israelis, wie Confino schreibt, mit der Verdrängung der Nakba voll ausgelastet:

> »Die Nakba ist Teil ihrer Geschichte, und zwar ein wichtiger Teil: sie erinnern die Nakba, ob sie sie verdrängen oder in Poesie und Prosa erzählen. Schon für den Versuch, die Nakba aus der Erinnerung zu streichen, müssen sie eine enorme politische, ökonomische, kulturelle Anstrengung mobilisieren. Das Löschen dieser Erinnerung ist das Produkt einer außerordentlich lebhaften Aufmerksamkeit. Die Juden sind dazu verdammt, sich ständig an die Geschichte der Palästinenser zu erinnern, die ihre Häuser und Heimat verloren haben, und diese Geschichte auf verschiedene Weisen zu erzählen, weil sie unauflöslich mit der Art und Weise verbunden ist, wie sie zu ihren Häusern und zu ihrer Heimat gekommen sind.«[54]

Die Verkettung von Ereignissen, um die es hier geht, ist ein verwickelter Prozess. Um das zu verstehen, reicht die Gegenüberstellung von Holocaust und Nakba nicht aus. Man muss die Ereignisse wie ein Teleskop auseinanderziehen, um drei Phasen dieses Zusammenhangs in den Blick zu bekommen:

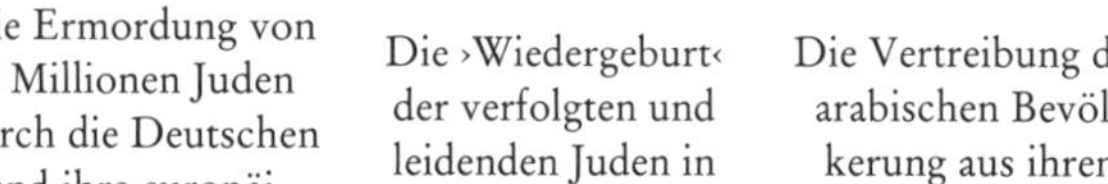

Holocaust (1945)	**Unabhängigkeitskrieg (1948)**	**Nakba (1948)**
Die Ermordung von 6 Millionen Juden durch die Deutschen und ihre europäischen Helfer	Die ›Wiedergeburt‹ der verfolgten und leidenden Juden in ihrem eigenen Staat	Die Vertreibung der arabischen Bevölkerung aus ihren Häusern und Städten

54 Alon Confino, Review of Bashir Bashir, Amos Goldberg (Hg.), The Holocaust and the Nakba. Memory, National Identity and the Nakba. Jerusalem 2015, in: *H-Soz-Kult* 22.4.2016 (übers. A.A.).

Die israelische Nation hat sich heroisch vom britischen Empire befreit, aber sie hat einen Geburtsfehler: die Vertreibung von 700.000 arabischen Palästinensern. Deshalb sind mit dem Jahr 1948 zwei entgegengesetzte Narrative verbunden, die sich gegenseitig in Frage stellen: die *triumphalistische* Gründungsgeschichte des neuen Staates Israel und die *traumatische* Geschichte der Palästinenser vom Verlust ihrer Heimat, Kultur, Existenz und Identität. Der Holocaust hat eine doppelte Folge gehabt: den Unabhängigkeitskrieg, der die Leidensgeschichte der Juden beendete, und die Nakba, die die Leidensgeschichte der Palästinenser in Gang setzte. Diese historisch verketteten Ereignisse sind Gegenstand zweier nationaler Narrative, die jeweils nur zwei der drei Phasen erfassen. Für die Israelis sind das die Phasen I und II, für die Palästinenser die Phasen II und III. Auf diese Weise leben auf demselben Land zwei Volksgruppen zusammen, die jeweils mit einem blinden Fleck für die Geschichte der anderen geschlagen sind.

1948 folgte Israel dem Muster westlicher Länder und schuf als ›verspätete Nation‹ einen modernen Nationalstaat. Im 19. Jahrhundert haben sich viele neue Nationen durch die Befreiung aus größeren Imperien gebildet, die als repressiv empfunden wurden. Über die Gründungsmythen von Nationen hat Peter Novick geschrieben: »Das nationale Gedächtnis vereinfacht; es sieht die Ereignisse aus einer einzigen, interessierten Perspektive; duldet keine Mehrdeutigkeit; reduziert die Ereignisse auf mythische Archetypen.«[55] Ich füge hinzu: Im nationalen Gedächtnis werden mentale Bilder zu Ikonen und Erzählungen zu Mythen, deren wichtigste Eigenschaft ihre Überzeugungskraft und affektive Wirkmacht ist. Solche Mythen lösen die his-

55 Peter Novick, *Nach dem Holocaust*, Frankfurt a.M. 2003, 14.

torische Erfahrung von den konkreten Bedingungen ihres Entstehens ab und formen sie zu zeitenthobenen Geschichten um, die das Selbstbild der Gruppe stützen und von Generation zu Generation weitergegeben werden. Wie lange sie weitergegeben werden, hängt davon ab, ob sie gebraucht werden, d.h.: ob sie den gewünschten Zielen der Gruppe dienen oder nicht. Ihre Dauer wird nicht dadurch begrenzt, dass die Träger wegsterben, sondern dadurch, dass sie als dysfunktional erkannt und durch andere ersetzt werden.

Während das eine Narrativ tief in die geographische Landschaft eingraviert ist, sind die Spuren der anderen Geschichte weitgehend gelöscht. Zusammen mit der Eroberung des Raums bzw. des Territoriums wurde die Geschichte der Sieger in Bauten, Denkmälern und Straßennamen flächendeckend verankert, während die Geschichte der Verlierer im öffentlichen Raum keine sichtbare Evidenz mehr hat. Wo es noch sichtbare Spuren gibt, hat man gelernt, diese nicht zur Kenntnis zu nehmen. Wir sprechen hier von einem Land mit zwei Topologien und Narrativen, von denen die Symbole des einen überwältigend sichtbar, die Spuren des anderen weitgehend gelöscht sind.

Zochrot – Erinnerungsarbeit im Medium von Stadtführungen

Wie können sich diese beiden feindlichen, in gewalttätiger Weise entgegengesetzten Narrative an einander annähern? Die israelische NGO ›Zochrot‹, die 2002 gegründet wurde, hat dafür einen Plan entwickelt: Sie will den Palimpsest-Charakter der Orte und Landschaften freilegen, indem sie die verschwundene Geschichte im Raum wieder sichtbar macht. Der hebräische Name bedeutet wörtlich: ›wir erinnern uns‹ (in der weiblichen Form); ihr Logo ist ein Türschloss als Pendant für die Schlüssel der verlassenen

Das Logo der NGO ›Zochrot‹ (›die andere Erinnerung‹) mit einem symbolischen Schlüsselloch für die Hausschlüssel, die die Palästinenser 1948 auf ihrer Flucht mitgenommen und zum zentralen Symbol ihrer Erinnerung gemacht haben.

Häuser, die die Palästinenser zu ihrer Reliquie und Erinnerungszeichen gemacht haben.[56] Nach dem Sechs-Tage-Krieg 1967 entstanden Nationalparks an Stellen, wo eben noch palästinensische Dörfer gewesen waren. Der Gründer von Zochrot, Eitan Bronstein, der als Touristenführer tätig war, hatte die Idee, solche Orte zu markieren, um das in der Erinnerung festzuhalten, was gerade ins Vergessen abgesenkt werden sollte. »Ich habe auf meinen Touren daraufhin den Park in einem kritischen Licht gezeigt, indem ich darauf hinwies, wie er als eine israelische Landschaft präsentiert wurde, die die Geschichte der Palästinenser ignorierte und zum Schweigen brachte. [...] Es gibt Hunderte solcher Orte in Israel, wo man Schilder aufstellen könnte, nicht nur nach 1967, sondern auch nach 1948.«

Aus diesem Kampf gegen das Vergessen ist die Praxis

56 Eitan Bronstein hat den Namen seiner Organisation folgendermaßen erläutert: »Zochrot bezeichnet den Akt des Erinnerns im weiblichen Plural: Wir erinnern uns. Im Hebräischen muss man sich zwischen weiblich und männlich entscheiden. Die meisten Menschen benutzen die männliche Form. Das ist der Standard. Wir haben uns entschlossen, die weibliche Form zu verwenden, weil wir eine andere Erinnerung zurückgewinnen wollten. Das war nicht nur die Erinnerung von Kriegen und Männern. Es war auch die Erinnerung von Orten, die andere Geschichten erzählen, zum Beispiel die Geschichte der Nakba.« (Aus einem Interview mit den Gründern von Zochrot.)

der Stadtführungen hervorgegangen, die diese Gruppe in Jerusalem und anderen Städten regelmäßig anbietet. Diese Erinnerungsspaziergänge werden nicht als politische Demonstrationen eingestuft, sondern als ›performance art‹.[57] Auch Yifat Gutman unterstreicht den künstlerischen Charakter dieser Exkursionen, bei denen Gruppen von Israelis zu palästinensischen Städten und Dörfern geführt werden, von denen nur noch wenige Spuren erhalten sind.[58] Sinn dieser geführten Touren und Wanderrouten ist es, dem auf der israelischen Landkarte ausgelöschten Ort seinen Namen zurückzugeben und diesen im Bewusstsein der Israelis zu verankern. Deshalb wird im Anschluss an die Stadtführung ein Schild aufgestellt, auf dem neben dem neuen hebräischen der alte arabische Name steht. Auf diese Weise soll ein Bewusstsein für die ausgelöschte arabische Vorgeschichte israelischer Städte und Dörfer aufgebaut und auf die Umbenennung mit meist biblischen Namen aufmerksam gemacht werden, die den Bewohnern des Landes suggerieren, dass sie die eigentlichen legitimen Einheimischen sind.[59] Diese Erinnerungsspaziergänge betonen Sinnlichkeit und Emotionalität: Anhand von Erinnerungen arabischer Zeitzeugen, Erzählungen, Liedern und Vorlesungen arabischer Gelehrter wird die Imagination der Besucher stimuliert und eine Auseinandersetzung mit der anderen Geschichte des Landes angeregt.

Diese Ausflüge, die eine verdeckte und ausradierte Schicht im Palimpsest der israelischen Landschaft frei-

57 Jo Roberts, *Contested Land, Contested Memory. Israel's Jews and Arabs and the Ghosts of Catastrophe*, Toronto: Dundurn, 2013, 227.

58 Yifat Gutman, »Transcultural Memory in Conflict: Israeli-Palestinian Truth and Reconciliation« in *Parallax*, 17.4 (2011), 64-71; dies., *Memory Activism. Reimagining the past for the future in Israeli-Palestine*, Nashville: Vanderbilt University Press, 2016.

59 Jo Roberts, *Contested Land, Contested Memory*, 144.

Die iNakba Application für Smartphones (2014) zeigt auf einer Israel-Karte in hebräischer, arabischer und englischer Sprache die Lage und Namen von 500 palästinensischen Dörfern, die 1948 während des israelischen Unabhängigkeitskrieges auf der Flucht in Panik verlassen wurden.[60]

legen, finden durchaus Zuspruch. Sie ziehen bis zu 100 Besucher an, die sich aus jüdischen und arabischen Israelis zusammensetzen. Durch diese Kontakte hat sich das Wissen über die Nakba in der Gesellschaft deutlich verbreitert. Diese Stadtführungen sind als erster Schritt eines größeren politischen Programms konzipiert, das in Israel eine politische Wende einleiten soll. Aus der historischen Information soll ein neues, historisch selbstkritisches Wissen erwachsen, aus dem Wissen soll Empathie für die Opfer des Unabhängigkeitskrieges entstehen, aus der Empathie soll die Anerkennung des historischen Unrechts der Nakba folgen, und daran soll sich die Möglichkeit einer Versöhnung mit politischen Konsequenzen anschließen.

I		II		III		IV
Information	→	Bewusstseinswandel	→	Anerkennung	→	Versöhnung
		Wissen und Empathie		rechtliche und politische Konsequenzen		

60 Homepage der Website Zochrot, zuletzt besucht 19. August 2016.

Bisher zeichnet sich jedoch nicht ab, dass auch die weiteren Schritte dieses Wende-Programms realisiert werden. Eher ist sogar das Gegenteil der Fall. Im März 2011 hat die Knesset ein ›Nakba-Gesetz‹ verabschiedet, das den nationalen Mythos Israels weiter zementiert und die Erinnerung an die Vertreibung der Palästinenser unter Strafe gestellt hat. Diejenigen, die sich für ein kritisches historisches Bewusstsein und die Erweiterung des nationalen Narrativs einsetzen, werden damit als Staatsfeinde kriminalisiert, die die heiligen Werte der Nation beschmutzen. Yifat Gutman sieht in ihrer Analyse dieser Gruppe aber auch ein Problem darin, dass sich ihre Aktionen ausschließlich auf der Ebene der Zivilgesellschaft bewegen und in lokalen Aktionen erschöpfen. Solange es nicht gelingt, dieses Thema auch auf die politische Ebene zu heben und die gesellschaftlichen Medien und Bildungsinstitutionen dafür zu gewinnen, bleibe es bei einem »interessanten Projekt« ohne wirkliche Durchschlagskraft. In Israel, so Gutman, habe sich durch Zochrot ein Gegengedächtnis zum offiziellen Gedächtnis des Staates gebildet. Diese Form der »oppositionellen Wissensproduktion« führe eher dazu, den Status quo der Abwehr zu verfestigen (siehe Nakba-Gesetz), als einen allgemeinen Wandel einzuleiten.

Vielleicht ist das noch nicht die ganze Wahrheit. Es ist schwer vorherzusagen, ob und wann eine Nation sich dazu entschließt, selbstkritisch zu werden, ihre Haltung des Vergessens zu revidieren und sich des ausgeschlossenen anderen anzunehmen. Es gibt aber noch andere soziale Felder, in denen sich Symptome eines möglichen Denk-Wandels abzeichnen. Als zwei Beispiele nenne ich die Universität und die Familie.

Von Seiten des Architektur-Departments der Bezalel Universität kam heftige Kritik gegenüber urbanen Großprojekten, die die Reste palästinensischer Dörfer zerstören, um Platz zu schaffen für neue teure Residenzen und kommerzielle Türme. Dazu äußerte sich Michael Jacobson auf einer Konferenz mit folgenden Worten:

> »Nachdem viele gute Menschen, zu denen auch ich selbst gehöre, mit der Vorstellung aufgewachsen sind, dass Tel Aviv eine aus dem Sand geborene Stadt ist, war es für mich umso erstaunlicher zu entdecken, dass sich auf dem Territorium der Stadt etliche Orte befinden, die bei Ausbruch des Unabhängigkeitskrieges arabische Dörfer waren. [...] Tel Aviv besteht nicht nur aus Herzl, Jabotinsky, Arlozorov und Ben Gurion, es besteht auch aus den verlassenen arabischen Dörfern Sheikh Muwannis, Jammusin, Salame und Summeil.«

Eine ähnliche Perspektive vertrat Nurit Moskovitch vom Architektur-Department der Tel Aviv University, als ihre Universität sich anschickte, ihr Gelände auf das Gebiet des zerstörten palästinensischen Dorfes Sheikh Muwannis auszudehnen, um ausgerechnet dort ein neues Gebäude für Archäologie zu errichten. In Zusammenarbeit mit Zochrot hat sie einen Vorschlag erarbeitet, der in den Plan der Ausdehnung des Campus ›Leerstellen‹ einfügt, der die vergessene Geschichte des Ortes zu Bewußtsein bringt. Diesem Aufruf für Erinnerungszeichen schloss sich Moshe Zuckerman an:

> »Wenn wir uns nicht bewusst machen, dass wir hier eine Kultur, ein Leben, eine Bildung zerstört haben, dann verkommt unsere Bildung, unsere Kultur, unsere Wissenschaft zur reinen Ideologie. Erinnerung ist nicht nur eine Frage moralischer Läuterung, sondern auch eine an uns gerichtete Forderung, die uns, wenn wir sie

> nicht erfüllen, zu Barbaren macht. Wenn wir keine Barbaren werden wollen, dann sollten wir lieber anfangen, uns zu erinnern.«[61]

Wie das Schweigen über die Nakba in Israel in den Familien gebrochen wird, zeigt der eindrucksvolle Dokumentarfilm *Mirror Image* von Danielle Schwartz (11 min., 2013), der bereits einige Preise auf Festivals gewonnen hat. Die Filmemacherin hat in diesem Film ein Interview mit ihren Großeltern aufgezeichnet, indem sie versucht, das Geheimnis der Herkunft eines riesigen Spiegels zu klären, der die Wohnung der Großeltern schmückt. Eins ist klar: Dieser Spiegel ist kein Erbstück. Wer sich als junger Mensch aus Europa retten konnte und nach Palästina floh, hatte keine große Ausstattung im Gepäck. Der Großvater erzählt die Geschichte dieses Spiegels als ein Fundstück aus dem arabischen Dorf Zarnuqa, an das er 1948 gelangte. Die näheren Umstände werden dabei nicht geklärt. Wir erfahren dabei ebenfalls, dass der Großvater als Kind in der Nähe eines arabischen Bauernhofs aufwuchs, auf dem er sich viel und gerne aufgehalten hat. Das Gespräch über den Spiegel wird zu einer eindrucksvollen Verständigung über das Familiengeheimnis der Nation im Austausch der Generationen. Enkelin und Großeltern bemühen sich in den 11 Minuten des Films gemeinsam um eine Sprache und eine Version der tabuisierten Geschichte. Ging es bei dem Spiegel nach dem Krieg um einen rechtmäßigen Erwerb oder um eine Plünderung? Die Worte ›plündern‹, ›nehmen‹, ›kaufen‹ werden mit Fragezeichen versehen und bleiben nebeneinander stehen. »Nehmen klingt weicher als plündern«, kommentiert die

61 Omer Carmon, A Palestinian Village in the Heart of Tel Aviv?, 31.7.2005; http://zochrot.org/en/press/50945

Großmutter. »Wir können es nicht verneinen, aber wir hatten nichts damit zu tun.« Auf diese Weise wird etwas tief Vergessenes und Verschwiegenes in die Kommunikation zurückgeholt. Der Film zeigt das Interesse der dritten Generation in Israel an der Erinnerung der Nakba und dokumentiert einen sehr persönlichen Weg, um das Schweigen zu brechen.

Vergessen oder Erinnern?

Der israelische Autor Amos Oz hat einmal geschrieben: »Wenn ich das Sagen hätte bei den Friedensverhandlungen – egal ob in Wye, in Oslo oder wo auch immer –, würde ich den Tontechnikern die Anweisung geben, dass sie die Mikrophone ausstellen, sobald eine der verhandelnden Parteien anfängt, über die Vergangenheit zu sprechen. Sie werden schließlich dafür bezahlt, dass sie Lösungen für die Gegenwart und die Zukunft finden!«[62] Dieses Argument ist immer wieder zu hören: Erinnerungen führen zur Fixierung auf die Vergangenheit und verstellen die Zukunft. Deshalb hat auch Avishai Margalit vor dem Einsatz der Erinnerung gewarnt. Sie dürfe nicht in einer Konflikt-Phase eingesetzt werden, sondern erst in einer Post-Konflikt-Phase, weil sie eher Teil des Problems als Teil der Lösung sei. Manche Israelis wie Yehuda Elkana oder Avram Burg haben dafür plädiert, aus dem Schatten des Holocaust herauszutreten und sich von negativen Prägungen zu lösen, um frei zu werden für eine neue Zukunft.[63]

62 Amos Oz, »Israelis und Araber: Der Heilungsprozeß«, in: *Trialog der Kulturen im Zeitalter der Globalisierung*, Sinclair-Haus Gespräche, 11. Gespräch 5.-8. Dezember 1998, Herbert Quandt-Stiftung, Bad Homburg v.d. Höhe, 82-89, 83.

63 Zit. Nach Roberts, 257-8.

Allerdings ist keineswegs ausgemacht, dass sich die Beschäftigung mit der Vergangenheit und die Lösung dringender Zukunftsfragen wirklich ausschließen müssen. Diese Regel gilt nur für eine monologische und exklusive, auf eigenen Stolz und eigenes Leid fixierte Erinnerung. Eine selbstkritische Erinnerung dagegen, die sich auch dem Leid der anderen öffnet, Empathie entwickelt und Verantwortung für die Opfer der eigenen Politik übernimmt, ist kein Hemmnis für den Beginn oder die Wiederaufnahme eines neuen Dialogs zwischen Konfliktparteien, sondern seine Grundlage. Die Devise: ›Erst die Vergangenheit, dann die Zukunft!‹ beschreibt genau die richtige Reihenfolge auf der Suche friedlicher Annäherung, vorausgesetzt, die Erinnerung wird nicht als Waffe der Mobilisierung und Eskalation, sondern als Mittel der Verständigung und Annäherung eingesetzt.[64] Genau das ist ja auch die Praxis der Wahrheitskommissionen, die heute weltweit im Einsatz sind, wo sich Diktaturen in Demokratien verwandeln. Dahinter steht die Überzeugung, dass man sich erst dann von einer traumatischen Vergangenheit lösen kann, wenn ein Prozess der Bewusstwerdung in Gang kommt, bei dem die historische Wahrheit festgestellt und das begangene Unrecht anerkannt wird. Die Verkettung der Ereignisse fordert auch eine verschränkte Erinnerung. »Diese erfordert eine Bereitschaft der Palästinenser, etwas über den Holocaust zu lernen [...] und es erfordert die Bereitschaft der Juden, etwas über die Nakba zu lernen.«[65] Sobald man sich an eine traumatische Gewaltgeschichte von beiden Seiten erinnert, kann das Trennende überwunden werden und dieses gemeinsame Wissen eine friedlich(er)e Zukunft

64 Yifat Gutman, »Looking backward to the future: Counter-memory as oppositional knowledge-production in the Israeli-Palestinian conflict«, in: *Current Sociology* (2015), 1-19; 4-5.

65 Alon Confino, Review.

einleiten. Das hartnäckige einseitige Vergessen dagegen erhält das Unrecht aufrecht und stabilisiert das Trauma der Opfer.

Der Gruppe Zochrot wird vorgeworfen, dass sie zu radikale Forderungen erhebt und die Gesellschaft polarisiert, indem sie unkritisch die Erinnerung des politischen Gegners übernimmt und dabei die eigene israelische Erinnerung aufgibt. Ein uneingeschränktes Recht auf Rückkehr der Palästinenser darf nicht die Grundlagen des israelischen Staats in Frage stellen oder untergraben. Es geht hier aber gar nicht darum, die eigene nationale Erinnerung gegen die des Gegners auszutauschen und damit das Existenzrecht des eigenen Staats und seine Werte zu untergraben. Vielmehr könnte der Beitrag der Gruppe darin bestehen, handgreifliche Lücken im eigenen nationalen Narrativ aufzufüllen. Diese Erinnerungsarbeit wäre demnach also nicht auf eine Auswechselung des Gedächtnisses, sondern auf dessen Erweiterung ausgerichtet. Sie geschieht nicht in der Absicht, der eigenen Nation zu *schaden*, sondern um ihr zu *dienen*. Sie tut das, indem sie das nationale Narrativ ergänzt und vervollständigt. Cicero mag recht haben: Groß ist die Erinnerungskraft, die Orten innewohnt. Aber diese Erinnerungskraft gilt nur, wenn auch politische und soziale Rahmenbedingungen gefunden werden, die es Menschen erlauben, die *ganze* Wahrheit und Geschichte eines Ortes zu erfahren.

Die Entfernung eines Grundsteins – Der Fall Hans Robert Jauß und die Universität Konstanz

Im Juni 2016 feierte die Universität Konstanz ihr 50-jähriges Jubiläum. Bei dieser Gelegenheit hielt der Zürcher Wissenschaftsmanager Dieter Imboden die Festrede. Sein Thema war die Zeit, die sich aus der Perspektive eines Umweltphysikers, der die Entwicklung von Landschaften über Millionen von Jahren beobachtet, in ganz anderen Dimensionen vollzieht. Er sprach von langfristigen natürlichen Rhythmen, in denen ein Flussbett seinen Lauf verschiebt, aber auch von kulturellen Rhythmen am Beispiel von Grundsteinlegungen. Bei solchen Ereignissen, so kommentierte er, sind jedes Mal hohe Erwartungen auf eine unbegrenzte Zukunft gerichtet. Deshalb werden »überall Grundsteine gelegt, aber wer hätte je von der Entfernung eines Grundsteins gehört?«.

Tatsächlich hatte aber während derselben Jubiläumsfeier gerade die Entfernung eines solchen Grundsteins stattgefunden. Ministerpräsident Winfried Kretschmann hatte die Eröffnungsrede gehalten, in der er die Geschichte, das Profil und die Verdienste der Reform-Universität würdigte. Ein solcher Überblick konnte nicht ohne die Erwähnung der sogenannten ›Konstanzer Schule‹ auskommen. Die Formel bezieht sich auf eine Forschungsrichtung von Literaturwissenschaftlern, die zwischen den 1960er und 1990er Jahren unter dem Stichwort ›Rezeptionsästhetik‹ eine neue Theorie des Lesens literarischer Texte entwickelte, die in die Grundlagen vieler Fächer eingegangen ist und bis heute international berühmt ist. Diese Theorie ist insbesondere von zwei Konstanzer Professoren begründet worden, deren Namen auch mit der renommierten Forschergruppe ›Poetik und Hermeneutik‹ verbunden sind: Hans Robert

Jauß und Wolfgang Iser. Als Winfried Kretschmann an diesen Punkt seiner Rede kam, erwähnte er zwei andere Namen: Wolfgang Iser und Wolfgang Preisendanz. Dem Ministerpräsidenten sagte der eine Name vermutlich ebenso wenig wie der andere, aber dem Publikum im Auditorium Maximum der Universität ging es ganz anders: die Anwesenden erlebten mit der Verschweigung des Namens Hans Robert Jauß in Echtzeit einen offiziellen performativen Akt des Vergessens und »die Entfernung eines Grundsteins«.

Was war passiert? Die kürzeste Antwort auf diese Frage lautet: die öffentliche Enthüllung über die Mitgliedschaft von Jauß in der Waffen-SS. Die Rückholung dieser Information aus dem Vergessen durchlief verschiedene Phasen. Jauß selbst war bereits Ende der 1980er Jahre auf dem Höhepunkt seines Ruhms in den USA mit seiner NS-Geschichte konfrontiert worden. In Deutschland folgte eine zweite Debatte 1995/96 nach seiner Emeritierung. Eine dritte Welle fand posthum in den Jahren 2014 / 2015 statt. Diesmal wurde der Impuls zu einer neuen Aufarbeitung der Biographie von Jauß von außen in die Universität getragen in Form eines Theaterstücks des Konstanzer Rechtsanwalts Gerd Zahner, der sich in der Aufarbeitung der lokalen NS-Geschichte einen Namen gemacht hat. Die Universitätsleitung entschied, das Theaterstück im Audi Max aufzuführen und gab gleichzeitig eine wissenschaftliche Untersuchung in Auftrag, die die Kriegsbiographie von Hans Robert Jauß recherchieren und die Diskussion damit auf eine neue Grundlage stellen sollte. Jens Westemeier hat inzwischen in seiner Studie die Kriegskarriere von Hans Robert Jauß ausführlich rekonstruiert.[66] Die im Theaterstück erhobenen Vorwürfe einer Abschie-

66 Jens Westemeier, *Hans Robert Jauß. Jugend, Krieg und Internierung*. Konstanz: University Press, 2016.

bung französischer Freiwilliger in ein KZ (Die Liste der Unerwünschten) sind darin widerlegt worden. Die Studie dokumentiert aber umfassend und detailliert seine Kriegs-Einsätze an verschiedenen Fronten und umfasst auch noch die Nachkriegsjahre bis zum Beginn des Studiums.

Mit dieser Debatte und der dazugehörigen Veröffentlichung ist eine lange Geschichte des Vergessens abgeschlossen worden, die nicht nur den Fall Jauß betrifft, sondern für die Geschichte der Bundesrepublik geradezu exemplarisch ist. Erinnern und Vergessen sind keine rein individuellen Akte, denn sie sind stets in psychologische, soziale, politische und moralische Rahmen eingebettet. Deshalb soll hier auf die Phasen dieser Geschichte des Vergessens sowie auf ihre Voraussetzungen und Kontexte näher eingegangen werden.

1. Phase: Kommunikatives Beschweigen in den 1960er bis 1980er Jahren

Hans Robert Jauß war Teilnehmer der Forschergruppe Poetik und Hermeutik. Er gehörte einer Generation an, die zwischen 1920 und 1930 geboren wurde. Innerhalb der Gruppe gab es erhebliche biographische Unterschiede, aber es gab auch wichtige Gemeinsamkeiten. Zunächst die Unterschiede: Es gab ehemals überzeugte Nationalsozialisten und Militaristen, es gab Widerstandskämpfer wie den Kommunisten Werner Krauß, Verfolgte wie Herbert Dieckmann, der mit einer Jüdin verheiratet war und auswandern musste, und es gab Juden wie Hans Blumenberg, Peter Szondi, Jacob Taubes oder Siegfried Kracauer. Hans Blumenberg, der engste Kollege, Mitarbeiter und Freund von Jauß beim Aufbau der Gruppe ›Poetik und Hermeneutik‹, bezeichnete sich selbst sarkastisch als ›Mischling ersten Grades‹. Er hatte einen katholischen

Vater und eine jüdische Mutter. In Lübeck konnte er während des Krieges in einer Fabrik eine Anstellung finden, deren Besitzer Heinrich Dräger eine schützende Hand über ihn hielt und ihn vor der Deportation bewahrte, bis er im Februar 45 ins sog. »Sonderlager Zerbst« kam. Dort konnte er auf Initiative Drägers freikommen und sich bis Kriegsende bei der Familie seiner zukünftigen Frau verstecken.

Für die (ethnischen) Deutschen des Kreises galt, dass sie in den Kinder- und Jugendorganisationen des NS-Staats sozialisiert und von daher wie keine andere deutsche Generation von früh an der Propaganda und Indoktrination des Staates ausgesetzt waren, wobei die Elternhäuser auf diese Entwicklung mal bestärkend, mal moderierend eingewirkt haben mögen. Allerdings gab es den wichtigen Unterschied zwischen den Älteren und den Jüngeren. Die Älteren haben den ganzen Krieg mitgemacht, sei es in der Wehrmacht (wie Reinhart Koselleck und Wolfgang Preisendanz) oder in der Waffen-SS (wie Hans Robert Jauß). Der mit Abstand größte Teil der Gruppe ›Poetik und Hermeneutik‹ entstammte allerdings den Jahrgängen 1926 bis 1928 und gehörte somit der etwas jüngeren ›Flakhelfergeneration‹ an, wie zum Beispiel Wolfgang Iser, Dieter Henrich, Niklas Luhmann oder Thomas Luckmann. Sie alle waren noch Schüler, als sie mit 15 oder 16 Jahren eingezogen wurden und haben nur das letzte oder die beiden letzten Kriegsjahre aktiv miterlebt. Das bedeutete jedoch, dass *alle* Mitglieder von ›Poetik und Hermeneutik‹ direkte persönliche Kriegserfahrungen gemacht hatten, wenn auch aus sehr unterschiedlichen, ja gegensätzlichen Perspektiven: Die einen gingen im Mai 1945 in Gefangenschaft oder wurden aufgrund ihrer Jugend amnestiert, die anderen wurden von den Alliierten befreit.

So oder so waren Krieg und NS-Zeit die lebenslang prägenden Erlebnisse dieser Generation. Diese Vergangenheit steckte allen in den Knochen. Über sie wurde jedoch nie gesprochen. Das Thema war absolut tabu. Das Trennende und Spaltende dieser individuellen Biographien und persönlichen Erfahrungen wurde damals durch Schweigen wirksam neutralisiert. Die Gruppe ›Poetik und Hermeneutik‹ ist ein Musterbeispiel für das, was Hermann Lübbe, Jahrgang 1926 und ebenfalls Mitglied der Forschergruppe ›Poetik und Hermeneutik‹, später das »kommunikative Beschweigen« genannt hat. Mit dieser These hat Lübbe, als er sie 1983 zum ersten Mal öffentlich vortrug, einen Skandal ausgelöst und sehr viel Kritik erfahren. Er hatte nämlich seinen Begriff nicht kritisch gemeint, sondern ihn affirmativ eingesetzt und damit die positiven Effekte dieses Schweigens hervorgehoben. Ihn interessierte damals weniger die moralische *Verurteilung* der Täter als ihre biographische *Verwandlung*. Seine These war nämlich, dass sich in diesem Schweigen wie im Kokon eines Schmetterlings die Verwandlung vom NS-Parteigenossen zum demokratischen Bundesbürger vollzogen habe. Nach zwei weiteren Jahrzehnten gilt Lübbes These vom kommunikativen Beschweigen, wie er in einem weiteren Buch dokumentiert hat, den meisten nicht mehr als moralisch anstößig, sondern als adäquate Beschreibung einer historischen Übergangsphase.[67]

Das Schweigen herrschte damals übrigens nicht nur in Westdeutschland. Auch in anderen europäischen Ländern und in den USA gab es in Zeiten des Kalten Krieges kein Interesse an einer gezielten Aufarbeitung der NS-Vergangenheit oder an einer Erinnerung an das Leid der jüdischen Opfer. Dieser transnationale soziale und politische Rahmen des Schweigens hatte im Kalten Krieg viel mit politischer

67 Hermann Lübbe, *Vom Parteigenossen zum Bundesbürger. Über beschwiegene und historisierte Vergangenheiten*, München: Fink Verlag, 2007. Lübbes Anspruch, »funktional zu erklären, statt moralisch zu kritisieren« war, so kommentierte der Historiker Norbert Frei, seiner Zeit und ihrer Geschichtsforschung weit voraus. (NZZ vom 27.6.2007)

Strategie und persönlichem Opportunismus zu tun. Diese Haltung half den Tätern, sich der Strafverfolgung zu entziehen und schadete den Opfern des NS-Regimes, die für ihre Geschichten keine Aufmerksamkeit und Empathie fanden. Was die Akzeptanz dieses Schweigens indessen begünstigte, war eine in den westlichen Demokratien und östlichen Diktaturen gleichermaßen verbreitete Aufbruchsstimmung, die auch die Generation der Gruppe ›Poetik und Hermeneutik‹ exemplarisch verkörperte.

Mit dieser positiven, ja enthusiastischen Zukunftsorientierung ist auch zu erklären, was heute nur noch schwer nachvollziehbar ist: diese von ihren biographischen Erfahrungen her so heterogene Gruppe von Wissenschaftlern hat in den 1960er Jahren ein Arbeitsbündnis geschlossen, das sich auch auf enge persönliche Freundschaften stützen konnte. So verschieden ihre Lebenswege auch waren, die Mitglieder von ›Poetik und Hermeneutik‹ wollten alle dasselbe, das man in drei Worten zusammenfassen kann: *einen neuen Anfang*. Dieser starke Konsens schweißte die heterogene Gruppe zusammen und gab ihr ein gemeinsames Profil und Programm. Man hatte überlebt, wollte studieren und etwas Neues aufbauen. Dirk Moses spricht von der ›45er-Generation‹, Helmut Schelsky hat sie die ›skeptische Generation‹ genannt. Niklas Luhmann, geboren 1927, ebenfalls Mitglied der Gruppe ›Poetik und Hermeneutik‹, hat diese Skepsis mit seinem konstruktivistischen Denken eindrucksvoll verkörpert. Die Welt der Systemtheorie »ist die nach innen und außen ins Leere fallende Welt, die Welt, die sich nur an sich selbst festhalten kann, aber alles Haltbare ebensogut ändern kann, die für gesellschaftliche Orientierung untauglich ist«.[68]

68 Niklas Luhmann, Ökologische Kommunikation. Kann die moderne Welt sich auf ökologische Gefährdungen einstellen? Opladen: Westdeutscher Verlag, 1988, 164.

Die historische Stunde dieser Generation schlug aber erst, als sie selbst auf Lehrstühle kamen. Die Gruppe, die über 20 Jahre gemeinsam agierte und die besten Köpfe des Landes anzog, hatte kein einheitliches wissenschaftliches Programm, wurde aber durch einen besonderen akademischen Stil und gemeinsame kulturpolitische Interessen zusammengehalten. Ihr Programm lässt sich mit drei Stichworten umreißen. An erster Stelle stand aufgrund der Generationserfahrung durch die Indoktrination des Nationalsozialismus und die Erfahrung des Krieges eine Aversion gegen eine neue Politisierung des Denkens. Diese Haltung verband sich zweitens mit einem hohen Anspruch auf Exzellenz und einem Selbstverständnis als Elite. Drittens folgte daraus der kulturpolitische Impuls, mit restaurativen Traditionen zu brechen, Weichen umzustellen, Experimente zu wagen und die Universitäten und geisteswissenschaftlichen Fächer von innen her umzukrempeln. Ihren Bruch haben die jungen Professoren nicht flächendeckend, politisiert und brachial durchgesetzt, wie das die 68er-Generation versuchte, sondern durch institutionelle Reformen, hohen intellektuellen Anspruch, Elitebildung und fachliche Exzellenz. Eine Allianz mit der revoltierenden Jugend kam für die frisch berufenen Ordinarien nicht in Frage, nicht nur, weil sie ja schon zum Establishment gehörten, sondern auch, weil sie sich gegen eine Politisierung der Wissenschaft wehrten. Kindheit und Jugend dieser Generation waren durch ihre Erziehung als Pimpfe und Mitgliedschaft in der Hitlerjugend durch und durch politisiert, deshalb wusste sie um den Wert der Skepsis, der Reflexion und der Entpolitisierung von Institutionen.

Generationen, so schreibt Dirk Moses, »sind kollektive Akteure, die durch ähnliche Erfahrungen und Deutungsmuster geschaffen werden und die, bei allen Unterschieden im Einzelnen, als geschichtsprägende Kraft erkennbar werden.«[69] In den 1960er Jahren hatte die 45er-Generation ihre historische Stunde: Neugründungen von Universitäten wie Bielefeld und Bochum sowie die Reformuniversität Konstanz standen für geistige und institutionelle Erneuerung. Das können diejenigen bezeugen, die wie ich mein Studium in den 1960er Jahren begannen. Damals ging ein spürbarer Ruck durch die Fächer, die ich studierte. Innerhalb der Philologien gab es weiterhin einen positivistischen Bodensatz, raunende Sprache und traditionelle Klassikerverehrung, wovon sich ein emphatisch ›modernes‹ Programm mit internationalen Perspektiven, avancierter Theorie und neuen anspruchsvollen Fragestellungen deutlich abhob. Für dieses Programm stehen die Bände der Reihe ›Poetik und Hermeneutik‹ und das Markenzeichen der Konstanzer Schule mit den Namen Hans Robert Jauß und Wolfgang Iser. Genau das müssen wir im Lichte der neuen Enthüllungen jetzt aber vergessen.

Was heute bereits vergessen ist: Diese geisteswissenschaftliche Bewegung, die mit der ›Konstanzer Schule‹ und der Forschergruppe ›Poetik und Hermeneutik‹ verbunden ist, war Teil einer »intellektuellen Neugründung der Bundesrepublik« (Clemens Albrecht). Dass dies bisher nicht so gesehen wurde, hat einen einfachen Grund. Im historischen Rückblick war es die 1968er-Generation, die als historischer Akteur das Programm des Brechens mit der NS-Vergangenheit auf so viel eklatantere und durchschlagendere Weise in den Familien, auf der Straße, und in den Institutionen vollzogen hat. Das Brechen der 68er hat das Brechen der 45er deshalb gänzlich überschrieben und unsichtbar gemacht. In einem Punkt unterscheiden sich bei-

69 Dirk Moses, »Das Pathos der Nüchternheit. Die Rolle der 45er-Generation im Prozess der Liberalisierung der Bundesrepublik«, *Frankfurter Rundschau*, 2.7.2002.

de Erneuerungsbewegungen auch grundsätzlich: Die 68er setzten das Brechen des Schweigens auf ihr Programm, die 45er stützten und verlängerten es. Den Grund für dieses Schweigen hat der Theologe Jürgen Moltmann (Jahrgang 1926) in einem Dokumentarfilm über die Flakhelfer-Generation in folgende Worte gebracht:

> »Von der nachfolgenden Generation, die dann den Naziterror aufdeckte, die braune Universität in Tübingen aufdeckte, 1966 begann das, unterschied mich, dass ich mich mitschuldig fühlte. Wir waren zwar zum Mitmachen genötigt worden, aber wir waren doch in der Generation gewesen. Sodass ich mich nicht so frei erheben konnte über die Parteigenossen der Fakultät usw. Das musste eine neue Generation machen. So waren wir dazwischen. Zwischen dem Vaterlandserlebnis unserer Väter und der Freiheit unserer Kinder, die Naziverbrechen aufzudecken. Weil wir uns eben mitgefangen, mitgehangen, mitschuldig fühlten.«[70]

Es ist genau dieser Punkt, der die nachfolgenden Generationen bis heute noch mit unbearbeiteten Altlasten konfrontiert und eine erneuerte Aufarbeitung erfordert. Denn es gibt deutliche Unterschiede zwischen der Flakhelfergeneration, die zwar oft von Kindheit an politisch fanatisiert, aber dennoch zum Mitmachen genötigt war, und denjenigen, die ihre Kriegslaufbahn selbst bestimmen und in die Hand nehmen konnten. Unter denen, die der Waffen-SS angehörten, bestehen ebenfalls Unterschiede, wie der Vergleich zwischen Hans Robert Jauß und dem um sechs Jahre jüngeren Günter Grass zeigt. Aber auch zwischen Jauß und

70 Anfang aus dem Ende. Die Generation der Flakhelfer (A. Assmann 2013). http://anfang-aus-dem-ende.de

dem Altrektor der Technischen Universität Aachen Hans Schneider/Schwerte bestehen Unterschiede, weil Letzterer bereits im NS-Staat Karriere machte, wo er in der Kulturabteilung der SS ›Ahnenerbe‹ propagandistisch tätig war und nach dem Krieg seine Identität fälschte, um sich der Verfolgung zu entziehen. Solche Differenzierungen sind für ein Verständnis von NS-Biographien und für den Grad der Verstrickung nicht ganz unwichtig. Alle Mitglieder der Generation ›Poetik und Hermeneutik‹ begannen ihr Studium erst nach Kriegsende und konnten ihr Leben noch einmal neu beginnen, ganz parallel mit der neuen Bundesrepublik. Sie blickten nach vorn und wurden zu Mitgestaltern und Schlüsselfiguren der neuen Zukunft, aber alle, auch die Unbelasteteren und selbst die Opfer des NS-Staats, vermieden es, zurückzublicken, die Last ihrer Vergangenheit zu konfrontieren und ihre Geschichten zu erzählen.

2. Phase: Das Brechen des Schweigens in den 1980er und 1990er Jahren

Was die Mitglieder dieser Generation erlebt hatten, wurde geteilt, aber nicht mitgeteilt. So hat es Jauß selbst ausgedrückt, als sich dieses selbstauferlegte Schweigegebot in den 1990er Jahren lockerte. Das geschah im Umfeld des 8. Mai 1995, also 50 Jahre nach Kriegsende, als einige der Mitglieder von ›Poetik und Hermeneutik‹ begannen, ihre Erinnerungen an das Jahr 1945 in der Tagespresse zu veröffentlichen, darunter die Historiker Reinhart Koselleck und Arno Borst. Jauß gehörte nicht zu dieser Gruppe. Umso mehr war er von den Erinnerungen seines Kollegen Arno Borst beeindruckt und auf dessen öffentlichen Bericht wohl auch ein wenig neidisch. Das brachte er mit folgenden Worten in einem persönlichen Brief zum Ausdruck: [Ich schreibe Ihnen,] »weil mich Ihr Zeugnis geteilter, aber nie mitgeteilter Erfahrung (wann hätten wir je Kriegserinnerungen ausgetauscht?) sehr beeindruckt hat.« In diesem Brief teilt Jauß dem Kollegen auch in groben Zügen und in der ihm eigenen apologetischen Art seine eigene Kriegsgeschichte als Mitglied der Waffen-SS mit.[71] Seine Form der Mitteilung im Mai 1995 war der persönliche Brief, nicht ein öffentlicher Bericht und schon gar nicht ein ›Bekenntnis‹ in einer Zeitung. Der Rahmen des Schweigens hatte sich zwar gelockert; das Thema Krieg war in den Medien wieder präsent und in die öffentliche Kommunikation zurückgekehrt. Gleichzeitig aber hat sich durch die auf den Holocaust fokussierte neue deutsche Erinnerungskultur der normative Rahmen, in dem Kriegsbiographien öffentlich zur Sprache kommen konnten, enorm verengt.

Fragen wir also etwas spezifischer nach den Erinnerungs-Thematisierungs-Regeln einer Gesellschaft. Worüber kann, soll, darf gesprochen werden und was wird übergangen und ins Schweigen verbannt? Welche Erinnerungen lässt man wieder aufleben, welche behält man für sich? Wofür gibt es Interesse, Aufmerksamkeit, Empathie, was bleibt ausgeschlossen und im Dunkeln? Diese Frage hängt aufs Engste mit den Emotionen zusammen, die die Stütze der Erinnerung sind und ihren Treibstoff bilden. Während Stolz, der Wunsch nach Anerkennung und ein positives

71 Arno Borst, »Befreit von der Pflicht zu töten. Mit den Augen des Zeitgenossen: Der 8. Mai als Beginn einer Geschichte menschlichen Zusammenlebens«, *FAZ* vom 6. Mai 1995. Mit dem 8. Mai war der Krieg in den Köpfen der Flakhelfer nicht schlagartig zu Ende; Borst schreibt von seinem Ringen »um Besinnung und Urteil, noch als wir am 23. Mai im Sammellager ankamen«. Und Jauß teilt dem Kollegen als Antwort auf diesen Text am 28. Juli 1995 mit: »Meine verhängnisvoll falsche Vorausschau war, als ich mich im Oktober 1939 als Kriegsfreiwilliger zur Waffen-SS (ahnungslos, was sie eigentlich war und was aus ihr hervorging) meldete, dass ich damit früher (ohne Arbeitsdienst), als Abiturient und Reserveoffizier bevorzugt, zum Studium käme, zu dem ich dann *de facto* erst nach acht Jahren gelangen sollte«.

Selbstbild die Auswahl des zu Erinnernden bestimmen, sind Gefühle wie Schuld und Scham verantwortlich für die Ausgrenzung und Verdrängung von Gedächtnisinhalten.

Das hat Nietzsche bereits genau gewusst:

> Das habe ich getan, sagt mein Gedächtnis.
> Das kann ich nicht getan haben, sagt mein Stolz und bleibt unerbittlich.
> Endlich gibt das Gedächtnis nach.

Es ist sehr schwer, sich gegen diese psychologische Grundregel zu richten und dem sozialen Konformitätsdruck zu widerstehen. Denn man erinnert und vergisst, um dazuzugehören und vermeidet tunlichst alles, was den Ostrazismus einer Gruppe nach sich ziehen könnte.

Der Name von Günter Grass (1927-2015) ist heute im allgemeinen Gedächtnis fest verdrahtet mit der Tatsache, dass er Mitglied der Waffen-SS war und diese Tatsache erst spät, nämlich im August 2006, 61 Jahre nach Kriegsende in einem *FAZ*-Interview der Öffentlichkeit mitgeteilt hat. Bis dahin hatte er sich in seiner Biographie als Luftwaffenhelfer der Flakgeneration und anschließend als Soldat der Wehrmacht dargestellt. Als Grund für das späte Brechen seines Schweigens gab er an: »Es musste raus.« Diese Erinnerung war also nie vergessen, sondern mit einer anderen Geschichte sorgfältig verdeckt worden. Das Bedürfnis, die ganze Wahrheit zuzugeben, entstand erst im Zusammenhang mit seinem letzten Werk, der Autobiographie *Beim Häuten der Zwiebel*, die kurz darauf erschien. Es war die letzte Gelegenheit für den Autor Grass, die eigene Geschichte von ihren Verbiegungen zu befreien und sie endlich vollständig zu erzählen.

Diese Nachricht war nicht nur ein mediales Großereignis, sie wurde damals auch als ein ›globaler Schock‹ aufgenommen. Die deutsche Gesellschaft reagierte entsprechend radikal; die Enthüllung vernichtete mit einem Schlag das positive Bild und internationale Renommee dieses Autors, der erst im Jahre 1999 den Nobelpreis erhalten hatte. Die auf die Enthüllung folgende durchschlagende Um- und Entwertung dieses Autors kam fast einer *damnatio memoriae* gleich. Seither ist der Name dieses Autors für die meisten Menschen, mit denen ich darüber spreche, nicht mehr mit seinem literarischen Werk, sondern nur noch mit dieser Enthüllung verbunden, die sich tief ins allgemeine Gedächtnis eingegraben hat.

Warum fiel diese Reaktion so radikal aus, obwohl die Begleitumstände der Mitgliedschaft des 17-Jährigen bei der Waffen-SS während der letzten Kriegsmonate in keiner Weise einen juristischen Tatbestand darstellen und ihm auch keinerlei Kriegs-Verbrechen vorzuwerfen sind? Diese Reaktion auf die Enthüllung von Grass hatte meines Erachtens weniger kognitive als emotionale Gründe. Sie beruhte in erster Linie auf der tiefen Kränkung der Öffentlichkeit, die Grass als international renommiertem Vorzeigeautor in seiner moralischen Rolle als Präzeptor deutscher Vergangenheitsbewältigung gefolgt war. Man warf ihm Heuchelei und Betrug vor und fühlte sich von ihm hintergangen und verraten. Diese Reaktion hatte wiederum etwas mit den gesellschaftlichen und kulturellen Thematisierungsrahmen zu tun. In den 1950er Jahren, als die Biographie seines Jahrgangs noch viele Parallelen mit anderen Vertretern seiner Generation aufwies, hatte Grass noch kein Geheimnis aus seiner Waffen-SS-Mitgliedschaft gemacht. Damals gab es ganz andere Prioritäten für seine Zeitgenossen als diese Frage der Waffen-SS-Mitgliedschaft, denn die Gesellschaft war voll und ganz damit beschäftigt, in die Zukunft zu blicken, um eine neue demokratische Zukunft aufzubauen.

Heute, da diese Zukunft aufgebaut und gefestigt ist, hat sich der Rahmen verschoben. Jetzt blicken wir wieder zurück auf diese Vergangenheit, an die wir uns heute unter dem Vorzeichen der Gewaltgeschichte und des Genozids an den jüdischen Opfern erinnern. Diese Erinnerung ist seit der Wende auch in die Grundfesten des deutschen Staates eingegangen. Die Runen-Buchstaben der ›SS‹ haben unter diesen Rahmenbedingungen eine besondere Qualität angenommen. Im allgemeinen Bewusstsein gibt es auch keinen Unterschied mehr zwischen der Waffen-SS, der Elitetruppe für besondere Aufgaben im Rahmen des Krieges, die auch Kriegsverbrechen einschlossen, und der SS, die als Funktionselite zur Verwaltung von Konzentrations- und Todeslagern eingesetzt war. Die Buchstaben verkörpern im nationalen Narrativ das ultimative Böse, von dem sich die Nachfolgegesellschaft des NS-Staats durch eine in Jahrestagen, Denkmälern und Gedenkstätten verankerte Erinnerungskultur demonstrativ und dauerhaft distanziert. Eine wie auch immer gelagerte Verbindung mit diesen Buchstaben bedeutet auf Seiten der Gesellschaft eine symbolische Kontamination mit dem absolut Bösen. Diese Kontamination ist moralisch nicht verhandelbar und lässt nur noch die Streichung des inkriminierten Namens aus den Annalen zu. So wird die Vergangenheit in einer Weise ›bereinigt‹, dass sie dem Bild entspricht, mit dem die Gegenwart leben kann. Akte des Schweigens und Vergessens sind immer Teil einer Beziehung und damit auch als Anpassung des Individuums an die herrschenden sozialen und politischen Rahmen zu verstehen. Je stärker die normative Verbindlichkeit des nationalen Geschichts-Narrativs, desto stärker wird paradoxerweise auch ein neuer Impuls zum Verdrängen und Verschweigen.

Zwischen dem Fall Günter Grass und dem Fall Hans Robert Jauß bestehen zwei wichtige Unterschiede. Erstens das Alter. Der Autor ist 1927 geboren, der Romanist 1921. Im Jahrzehnt zwischen 1920 und 1930, in dem die Generation der Gruppe ›Poetik und Hermeneutik‹ geboren ist, spielen Geburtsdaten eine überaus wichtige Rolle. »Wer ein Jahr jünger ist, hat keine Ahnung«, hat Martin Walser über diese Zeit einmal gesagt. Das Geburtsdatum entschied über Biographien, es bestimmte, wie viele Jahre man im Krieg verbrachte und ob man schuldig oder unschuldig aus ihm herauskam. Während Grass erst im Herbst 1944 eingezogen wurde, zur Marine wollte, stattdessen aber in den Reichsarbeitsdienst kam und anschließend nach Dresden geschickt und in eine Einheit der Waffen-SS eingegliedert wurde, meldete sich Jauß, ebenfalls 17-jährig, aber bereits im Oktober 1939 zur Waffen-SS. »Wie andere Mitschüler auch«, fügte er in einem Gespräch mit Geoffrey Hartman hinzu, »um dem Reichsarbeitsdienst zu entgehen und bessere Chancen für mein Abitur zu haben.« Statt Abitur kamen fünfeinhalb Kriegsjahre und eine steile militärische Karriere auf ihn zu, die im März 1944 durch das deutsche Kreuz in Gold ›gekrönt‹ wurde.

Zweitens hat Jauß anders als Günter Grass sein Schweigen aufrechterhalten und sich, wenn er auf seine Vergangenheit angesprochen wurde, ausschließlich defensiv, apologetisch, verharmlosend und beschönigend auf sie bezogen. Ein anderes Register stand ihm nicht zur Verfügung. Er hat die Kriegserinnerungen so erfolgreich von seiner Nachkriegs-Identität abgespalten, dass er auch später, als seine Kollegen Kriegs-Erinnerungen zu Papier brachten, nie einen inneren Druck verspürte, sich mit diesem Kapitel seiner Biographie auseinanderzusetzen. Der Anstoß kam immer nur von außen. So hat er sich weder eine Sprache, noch Begriffe, noch Gefühle angeeignet, die ihn bei dieser Arbeit unterstützt hätten. Das Ergebnis war eine innere Spaltung, die den fremden Anderen in der eigenen

Person einkapselte und keinen Zugang zu ihm ermöglichte. Das war auch der Eindruck Geoffrey Hartmans, eines Kollegen an der Yale Universität, der Jauß in die USA eingeladen hatte. Nach den Enthüllungen an der Westküste fand im Herbst 1988 ein Gespräch zwischen den beiden statt, das Hartman anschließend in seinem Tagebuch protokolliert und in seiner Autobiographie veröffentlicht hat. Während der Unterredung nahm Hartman bei seinem Gesprächspartner nicht nur einen »formellen, apologetischen Stil« wahr, sondern auch das untergründige Ressentiment, dass ihn seine langjährigen Freunde, trotz seiner makellosen Nachkriegskarriere, nicht mehr wie vorher annahmen. Jauß empfand es als Zumutung, dass er sich zu verteidigen hatte, »als ob sein Nachkriegsleben und seine wissenschaftlichen Beiträge nicht beredtes Zeugnis genug wären«.[72] Als Hartman ihm empfahl, seine Kriegserlebnisse aufzuschreiben, um das Wort nicht den anderen zu überlassen, entgegnete ihm Jauß, dass die Autobiographie nicht sein Modus sei.

Da Jauß zu diesem Thema selbst so wenig beizutragen hatte, haben andere die Regie in die Hand genommen, um im Dunkel gebliebene Einzelheiten seiner Biographie aufzuhellen. Earl Jeffrey Richards, ein romanistischer Kollege der Universität Wuppertal, stieß 1995 in der Zunft eine Diskussion über die Vergangenheit von Jauß an, die wichtige Informationen publik machte, aber nicht wirklich über akademische Kreise hinaus wirkte. Die Informationen waren verfügbar, sie nahmen in dem Wikipedia Artikel von Hans Robert Jauß den überwiegenden Anteil ein, aber die Aufregung hatte sich nach dem Tod von Jauß im Jahre 1997 wieder gelegt.

72 Geoffrey Hartman, *A Scholar's Tale, Intellectual Journey of a Displaced Child of Europe*, New York: Fordham, 2007, 142-146.

3. Phase: die Entfernung des Grundsteins 2015 / 2016

Als 20 Jahre später 2015 ein zweiter Aufklärungsimpuls in Gestalt des Theaterstücks von Gerd Zahner die Universität Konstanz erreichte, war inzwischen eine neue Generation von Lehrenden und Studierenden herangewachsen, die kein direktes Verhältnis mehr zu den Gründerfiguren ihrer Universität hatten und denen der Name Jauß inzwischen nichts mehr sagte. Diese zweite Aufklärungswelle fand mit einer breiten Medienbeteiligung statt und erreichte eine große Öffentlichkeit weit über die Grenzen des Fachs und die Universität Konstanz hinaus. Die zweite Enthüllungswelle hatte zwei Ziele. Zum einen ging es darum, eine professionelle Aufklärung einzuleiten, die die Debatten um Jauß auf eine gesicherte historische Quellenbasis stellen sollten. Zum anderen ging es um die symbolische Auseinandersetzung mit einer Gründerfigur, um Distanzierung und Dekontaminierung.

Nachdem die Wiederaufnahme der Beschäftigung mit der Biographie von Jauß durch Gerd Zahner stattgefunden hatte und die Aufklärung in Form der Studie von Jens Westemeier geleistet war, folgte deshalb die Frage: Wie gehen wir zwei Jahrzehnte nach dem Tod von Jauß mit diesem Wissen um, welche Konsequenzen ergeben sich daraus für die Zukunft des Faches und das Selbstbild der Universität? Nachdem die Wahrheit über die SS-Karriere des Professors allgemein bekannt war, waren dessen Ruhm und Einfluss anstößig geworden. Wie entfernt man eine solche Gestalt aus der Ahnengalerie? Konstanz versteht sich als eine moderne Reformuniversität, die stolz auf ihre Jugend ist, weshalb sie das verstaubte Zeremoniell von Talaren und Traditionen von Anfang an verworfen hat. Im Senatssaal hängen auch keine Bildnisse vergangener Rektoren oder Geistesgrößen, sondern nur ›Leerstellen‹, genauer: eine künstlerische Installation leerer und gebrochener Bilderrahmen. Mit dem aktiven Vergessen, der *damnatio memoriae* ist es nicht so einfach. Um eine Person aus dem Gedächtnis der Institution oder des Fachs zu löschen, muss man sich erst einmal ein Bild von ihr machen. Dieser Prozess ist auf weiteren Veranstaltungen und in den Medien inzwischen in vollem Gange. Die Person Jauß ist das Objekt einer kollektiven Auseinandersetzung und Neukonstruktion. Bei einer großen Zahl von Schülern, Kollegen und Lesern besteht dabei das große Bedürfnis, den Wissenschaftler Jauß so weit wie möglich an den Hauptmann des Waffen-SS anzugleichen. Es gilt allein, woher er kam und nicht mehr, wohin er ging. Die beiden Hälften der Person, die im Leben auseinandergefallen sind, sollen nachträglich wieder so zusammengesetzt werden, dass sie in jeder Hinsicht dem Bild der neuen Enthüllungen entsprechen. Das fällt nicht schwer, wenn es um den körperlichen Habitus des Professors geht. Viele haben an ihm eine gewisse eiserne und eisige Härte wahrgenommen. In den Seminaren herrschte das ›Führerprinzip‹; martialische Metaphern verknüpfen den Kampf der Waffen mit dem der Worte und machen das Kolloquium zur mobilen Kampftruppe. »Ein stets höflicher Mensch mit einem etwas militärischen Auftreten« (an unfailingly courteous person, with a somewhat military bearing) – so hat ihn Geoffrey Hartman im Protokoll seines Gesprächs beschrieben.

Dieses Bedürfnis nach einer Vereinheitlichung des Bildes von Jauß hat auch eine neue Phase in der Rezeptionsgeschichte seines Werks in Gang gesetzt. Die Texte werden mit Akribie neu gelesen, um nachzuweisen, dass sich die Kriegsbiographie von Jauß durch dessen wissenschaftliche Schriften »durchpaust«. Der Romanist Ottmar Ette hat in einem aktuellen Buch den Literaturwissenschaftler Jauß in seiner Zunft de-kanonisiert und die militärische Karriere zur Blaupause der akademischen Karriere gemacht.[73] Die Schriften von Jauß werden von ihm einer ›Hermeneutik des Verdachts‹ unterzogen und auf einen verborgenen Subtext hin durchleuchtet, der »auf eine autobiografische Lesart durchscheinend« ist. Tatsächlich hat Jauß, der nach dem Krieg vor der Aufgabe kapitulierte, den fremden anderen in sich selbst zu verstehen und mit ihm zu kommunizieren, in seinem zweiten Leben als Geisteswissenschaftler Fragen des Verstehens zu seinem zentralen Thema gemacht. Die Forschergruppe, die er (mit-)gegründet hat, heißt ja auch ›Poetik und Hermeneutik‹, wobei sich das Stichwort *Hermeneutik* auf alte und neue Techniken des Verstehens bezieht. Ebenso wurde das Stichwort *Poetik* in dieser Gruppe von Geisteswissenschaftlern und Philosophen neu entdeckt und aufgewertet. Die Konzentration auf Poesie und ›Ästhetik‹, die hier erstmalig mit größtem existentiellen Ernst betrieben wurde, stand, so könnte eine Hermeneutik des Verdachts argumentieren, für den Raum des Möglichen gegenüber dem Wirklichen, für eine Sphäre der kreativen Imagination und des Entwurfs, mit dem sich diese Generation gegen die Faktizität der Geschichte wappnete. Doch ganz so leicht gehen solche Deutungen nicht auf, denn in diesem Projekt verbündete sich der ehemalige Waffen-SS-Mann Hans Jauß mit seinem Freund Hans Blumenberg, der sich dabei als ein idealer Vermittler zwischen Literatur und Philosophie erwies. Mit seinem breit angelegten Projekt einer Metaphorologie suchte Blumenberg nicht nach der »›Klarheit‹ des Gegebenen«, sondern untersuchte die Klarheit des vom Menschen Erzeugten: »die Welt seiner Bilder und Gebilde, seiner Konjunkturen und

73 Ottmar Ette, *Der Fall Jauss. Wege des Verstehens in eine Zukunft der Philologie*, Berlin: Kadmos, 2016.

Projektionen, seiner ›Phantasie‹ in dem neuen produktiven Sinn, den die Antike nicht gekannt hat.«[74]

Eine Hermeneutik des Verdachts fordert eine Lektüre gegen den Strich und übergeht Selbstaussagen wie die folgende: »Als ich 1963 zusammen mit Hans Blumenberg und einigen anderen Freunden die Gruppe ›Poetik und Hermeneutik‹ ins Leben rief, brachte ich ein intellektuelles Projekt auf den Weg, das jedem Versuch einer Rückkehr zur Idee der Nation oder der Rasse als Bedeutungsträger in den Humanwissenschaften entgegentrat.«[75] In diesem Satz hat Jauß das Generationenprojekt bündig zusammengefasst, das er durch Bruch mit restaurativen Tendenzen und geistigen Kontinuitäten der 1950er Jahre, durch Erneuerung der Sprache, der Theorie, der Konzepte und der zu behandelnden Texte umsetzte. Wenn man nach Hitlers Fußabdruck in seinen Texten sucht, kann man ihn in diesem Satz finden. Eine vom NS indoktrinierte und vom Krieg geprägte Generation hat sich hier über den Abgrund der Geschichte hinweg zusammengetan, um sich und andere in der bundesdeutschen Nachkriegsgesellschaft gegen Rückfälligkeiten zu immunisieren.

Was bei einer forcierten *damnatio memoriae* als Erstes unter den Tisch fällt, sind historische Kontexte, die das gewünschte klare Bild verkomplizieren. Dazu gehört die Tatsache, dass Jauß Vertreter einer Generation und als Wissenschaftler kein ›Einzelkämpfer‹ war. Im Gegenteil, er war ein Pionier der Modernisierung der Geisteswissenschaften und hat die erste große Forschungskooperation auf den Weg gebracht, die bis heute ein unerreichtes Vorbild geblieben ist. Auf dieser Grundlage wurde nicht

74 Blumenberg, *Paradigmen zu einer Metaphorologie*, Berlin: Suhrkamp, 2013, 8.

75 Zitiert Ahlrich Meyer, »Hermeneutik des Verschweigens. Ottmar Ettes Buch *Der Fall Jauß*«, *NZZ* vom 23.6.2016.

nur die Reformuniversität Konstanz gegründet, sondern wurden auch die Geisteswissenschaften erneuert. Es liegt eine gewisse Ironie der Geschichte darin, dass Ralf Dahrendorf, der geistige Kopf und Architekt der Konstanzer Neugründung, diese Modernisierung ausschließlich durch eine Konzentration auf empirische Sozialforschung erreichen wollte. Der Ruhm von Konstanz ruht aber nicht auf empirischer Sozialforschung, sondern auf Ästhetik und den Literaturwissenschaften, die Dahrendorf ursprünglich aus seinem neuen Universitätskonzept ausschließen wollte.

Hinter dem starken Interesse, in den Schriften von Jauß die Züge des Waffen-SS-Offiziers nachzuweisen, steht ein deutliches Motiv: Das Bedürfnis nach Dekontamination durch *damnatio memoriae*. Es gilt, sein Werk in toto zu diskreditieren, um seinen Namen aus den Annalen der Wissenschaft zu streichen. Das ist aber nicht so einfach, denn wenn man – im Bilde gesprochen – diesen Stahlträger beseitigt, stürzt ein größeres Gebäude zusammen. Dann müssten auch ganze literaturtheoretische Paradigmen entsorgt und 17 Bände Poetik und Hermeneutik eingestampft werden. Denn mit derselben Disziplin, mit der Jauß seine Militär-Karriere durchgezogen hat, hat er später dieses nach wie vor beeindruckende Gemeinschaftswerk angestoßen und getragen.

Erinnern und Vergessen sind nicht immer Gegensätze, sondern tauschen unter der Hand auch oft die Plätze. Das zeigt sich auch an den pragmatischen Grenzen einer Vergessensstrategie, die auf die Isolierung und Dämonisierung einer Person setzt, die dann als Repräsentant des absolut Bösen aus dem Gedächtnis getilgt werden kann. Die Anziehungskraft eines solchen Verfahrens liegt in einem kollektiven Reinigungsprozess durch Beseitigung von Geschichte. Über der starken Fokussierung auf Jauß als isoliertem Einzelfall und seiner Stilisierung zu einer absoluten Ausnahmeerscheinung sollte man aber die ehemalige Breite und Alltäglichkeit des Nationalsozialismus nicht ganz aus dem Blick verlieren. In ihrem aktuellen Buch über *Die SPD und die NS-Vergangenheit 1945-1990* zeigt Kristina Meyer, wie schwierig für diese Partei der Neuanfang nach dem Absturz in die Barbarei gewesen ist.[76] Anlässlich der Verleihung des Willy-Brandt-Preises für Zeitgeschichte in Berlin kommentierte die Historikerin Susanne Heim: Es grusele sie, wenn sie daran denke, »welche Leute aus der NS-Zeit das Nachkriegsdeutschland mit aufgebaut haben. Weithin bekannt sind Namen wie Globke, Kiesinger, Filbinger.« Der Name Kiesinger tauchte in allen Festreden der 50-Jahr-Feier rühmend auf, da die Idee der Konstanzer Universitätsgründung auf ihn zurückgeht. Dass er seit 1933 prominentes Parteimitglied der NSDAP gewesen war, während des Krieges in der Rundfunkabteilung des Außenministeriums Propagandanachrichten verbreitet hat und 1968 bei einem Parteitag der CDU von Beate Klarsfeld geohrfeigt wurde, die wiederum dafür zusammen mit ihrem Mann 2015 von Joachim Gauck mit dem Bundesverdienstkreuz ausgezeichnet wurde – all das ist längst vergessen. »Die berühmte historische Distanz«, so hat Robert Musil einmal geschrieben, »besteht darin, dass von 100 Tatsachen 95 verlorengegangen sind, weshalb sich die verbliebenen ordnen lassen, wie man will.«[77]

Es geht hier weder um die Apologie einer Person, noch darum, eine ganze Generation unter Generalverdacht zu stellen. Die Aufklärungsarbeit im Fall Jauß und die Auseinandersetzung mit seiner SS-Biographie waren un-

76 Kristina Meyer, *Die SPD und die NS-Vergangenheit 1945-1990*, Göttingen: Wallstein, 2015.

77 Robert Musil, »Reisen vom Hundertsten ins Tausendste«, *Gesammelte Werke* II, 622f.

bedingt notwendig, gerade auch vor dem Hintergrund seines so hartnäckig durchgehaltenen Schweigens. Er hat diese Auskunft seinen Kollegen und Freunden gegenüber verweigert und glaubte vielleicht, seine Vergangenheit mit seiner Nachkriegsexistenz und seinem akademischen Werk ›abgearbeitet‹ zu haben. Deshalb haben wir heute noch mit diesem Erbe zu tun. Was nicht zur Sprache kam und wofür es keine Sprache gab, das muss nun auf verschiedene Weisen in die Sprache zurückgeholt werden. Auch wenn manches im Dunkel bleibt, wurde die Leerstelle dieser Kriegsbiographie mit detaillierten historischen Informationen gefüllt und eine wichtige Diskussion über Verschweigen und den Umgang mit biographischen Daten in Gang gesetzt.

Wie wir mit diesem Fall umgehen, ist allerdings noch offen: ob wir mit Person und Werk von Jauß die Nazi-Vergangenheit wie einen Dämon austreiben, um uns selbst moralisch gerechtfertigt und gereinigt zu fühlen, oder ob wir uns die Geschichte in ihrer Komplexität aneignen, um unser historisches Wissen über Biographien vor und nach 1945 zu erweitern und uns selbst in dieser Geschichte zu positionieren. Die Universität Konstanz hat soeben einen Asbest-Schaden erfolgreich beseitigt. Diese (Vor-)Geschichte bleibt jedoch ein Teil dieser Universität und wird sich nicht auf gleiche Weise entsorgen lassen.

Das Recht auf Vergessen werden – eine schleichende Kulturrevolution im Internet?

Am 13. Mai 2014 hat der Europäische Gerichtshof (EuGH) mit Sitz in Luxemburg eine Entscheidung gefällt, die weitreichende individuelle und kulturelle Auswirkungen hat und sogar als eine menschheitsgeschichtliche Zäsur betrachtet werden kann. Es geht um den Artikel 17 der Datenschutzrichtlinie, der besagt, dass Individuen fortan ein Recht darauf haben, dass personenbezogene Daten im Internet gelöscht werden, wenn sie ruf- oder karriereschädigend sind und kein allgemeines Interesse an diesen Informationen besteht. Konkret bedeutet das, dass von nun an auf direktem Wege Anträge auf Löschung sensibler Daten an den Betreiber der Suchmaschine Google gestellt werden können. Diese Daten werden von Google zwar nicht auf der Originalquelle gelöscht, aber der Link, mit dem Suchprofile erstellt werden, wird bei der Löschoperation aufgelöst. Bereits in den ersten Tagen nach dieser Entscheidung des Gerichts gingen bei Google über 40.000 Löschanträge ein, die alle manuell bearbeitet und von Juristen geprüft werden müssen.

Der Anstoß, der zum Urteil des Europäischen Gerichtshofs geführt hat, geht auf eine Klage des Spaniers Mario Costeja González zurück. Er sah seine bürgerliche Reputation durch eine Zeitungsanzeige gefährdet, die seinen Namen im Zusammenhang mit einer Zwangsversteigerung nannte. Das Ereignis lag bereits 15 Jahre zurück, die Einkommensverhältnisse von Herrn González hatten sich geändert, aber die Information hielt sich weiter hartnäckig im Netz. Das Gericht musste in diesem Fall zwischen dem persönlichen Recht auf Datenschutz und dem Recht der Öffentlichkeit auf Information abwägen. Wo es um personenbezogene ›sensible Daten‹ geht, so wurde bei diesem

Problem deutlich, musste ein Kompromiss zwischen Privatheit und Öffentlichkeit im Informationszeitalter und den beiden entgegengesetzten Prinzipien der *Verfügbarkeit* und der *Vertraulichkeit* von Informationen gefunden werden.

Mit dem Internet hat sich die Verteilung und Zugänglichkeit von Information grundsätzlich geändert. Während früher ein selektiver Zugriff auf Informationen bestand, haben heute, überspitzt gesagt, alle zu allem Zugang. Dabei sind erhebliche Mängel und rechtliche Lücken im Bereich der Speicherung personenbezogener Daten deutlich geworden. In sozialen Netzwerken werden längst Daten von Menschen bearbeitet, die gar nicht wissen, dass sie in diesem System – zum Beispiel durch das Posten von Fotos – bereits mechanisch erfasst sind. Jeder weiß inzwischen, dass die Gruppen, die sich hier bilden und Informationen austauschen, nie geschlossen sind, sondern so porös und löchrig sind wie das ganze Internet. Da sensible Informationen nicht mehr durch Takt und Schweigen, Verabredung und De-Thematisierung entsorgt werden, müssen andere, technische Strategien eines intentionalen und kontrollierten sozialen Vergessens erfunden werden. In Demokratien kommt die Option ›Zensur‹ dabei als Lösung des Problems nicht in Frage; das ›Zugangserschwerungsgesetz gegen Kinderpornografie im Internet‹ hat der ehemaligen Familienministerin Ursula von der Leyen sofort den Spitznamen ›Zensursula‹ eingebracht; ›Stasi 2.0‹ war ein anderer Kampfbegriff für die Erhaltung von Netzneutralität und digitalen Bürgerrechten gegen staatlichen Zugriff.

Probleme und Strategien des Vergessens im Internet

Die ins Internet eingebaute Dynamik ist die Vermehrung der Links, die Struktur der Hyperkonnektivität. Die Vermehrung der Verbindungen erfordert eine Beschleunigung des Datenflusses und den Ausbau seiner Infrastruktur. Das Netz reißt Wände nieder, überspringt Grenzen und erzeugt immer größere und komplexere Verbindungen, sein Wachstum hat dabei weder Ziel noch Form. Gleichzeitig haben neue Speichertechnologien zu einem exponentiellen Anwachsen der Datenmenge geführt. Diese Datenexplosion verlangt inzwischen auch nach neuen Technologien, die helfen sollen, die Datenmenge zu reduzieren. Google hat sich inzwischen als die größte betroffene Suchmaschine einen ›Lösch-Beirat‹ zugelegt. Vergessen ist im Internet zu einem aktuellen Problem geworden, das von Informatikern, Juristen, Soziologen und Datenschützern diskutiert wird. Der Rechtswissenschaftler und Informatiker Viktor Mayer-Schönberger hat in seinem Buch mit dem Titel *Delete* die Notwendigkeit des gezielten Löschens von Daten im Internet zum Thema gemacht und die Möglichkeit des systemischen Einbaus von Ablaufdaten in die Programmierung von Informationen vorgeschlagen.[78] Es gibt inzwischen eine GmbH mit dem Namen ›x-pire‹, die einen ›digitalen Radiergummi‹ entwickelt hat, der auch zur Verschlüsselung und Sicherung von Informationen eingesetzt wird. Vergessen wird im Internet auf verschiedenen Wegen erreicht, der üblichste ist die Überschreibung, denn das Abspeichern der jeweils aktualisierten Datei tilgt die frühere Fassung. Das Prinzip der Überschreibung, das in der digitalen Welt regiert, verhindert die Sedimentierung früherer Stadien und damit jeden nachträglichen Zugriff auf historische Bestände. Speichern schließt Löschen selbstverständlich mit ein, das ist eine weitere Paradoxie des Vergessens im digitalen Zeitalter. Das hat auch der Oxforder Philosoph Luciano Floridi betont: »Das gleiche dynamische System, das es einem erlaubt, ein

78 Viktor Mayer-Schönberger, *Delete: Die Tugend des Vergessens in digitalen Zeiten,* Berlin: University Press, 2010.

Dokument tausendfach umzuschreiben, macht es unwahrscheinlich, dass irgendeine Erinnerung an frühere Fassungen für zukünftige Einsichten überdauert.« Er stellt deshalb eine direkte Verbindung zwischen dem digitalen Vergessen als Überschreibung und dem »Leben in einer immer währenden Gegenwart« her. Geschichte, so erläutert er seine These, hat viel mit ›Schichten‹ zu tun, die sich im Internet nicht mehr ausprägen. »Die sorgfältige Erhaltung des signifikant Verschiedenen und [...] die beständige Sedimentierung der Vergangenheit als eine geordnete Abfolge von Veränderungen« ist damit selbst Vergangenheit geworden; die Abfolge von Fixieren, Ablegen und Bewahren hält er für »geschichtliche Prozesse, die heute ernstlich gefährdet sind«.[79]

Der Trend zur permanenten Selbst-Enthistorisierung im Internet hängt auch mit der Kurzlebigkeit seiner Bestände zusammen. So wie die Datenträger selbst mit Verfallsdaten ausgestattet und die Geräte durch die rapide technische Innovation immer schneller ausgewechselt werden, ist auch die Verweildauer von Daten im Internet begrenzt und es besteht gegenwärtig die Sorge, dass irgendwann die ganze Datengeneration der Big Data synchron zusammenbricht und zu Dead Data wird. ›Kulturelle Nachhaltigkeit‹, um hier ein neues Schlagwort zu benutzen, wird man außerhalb des volatilen Internets suchen und etablieren müssen.

Bei näherem Hinsehen gibt es aber auch Evidenz für das Gegenteil, dass nämlich die Zeit im Internet stehenbleibt und Informationen in beziehungsloser Indifferenz gegenüber den Nutzern erstarren. Tatsächlich entsteht mit der Vermehrung der Daten im Internet auch viel Wildwuchs, Informationsmüll und ein galoppierender Datenverfall. Da keine flächendeckend angestellten Internet-Kuratoren am

79 Luciano Floridi, *Die 4. Revolution. Wie die Infosphäre unser Leben verändert*, Berlin: Suhrkamp, 2015, 37.

Werk sind, gibt es bereits Millionen von Seiten verkümmerter, abgelegter, nicht aktualisierter Informationen im Internet. Veraltete Informationen halten sich hartnäckig und stehen im stillen Widerspruch neben neuen. Die Adresse und Praxis-Zeiten des umgezogenen Arztes zum Beispiel werden noch lange unter den ersten Suchbegriffen angeboten. Wenn eine Beziehung abgebrochen worden ist, gestaltet sich das Vergessen digital als eine schwierige Operation. »Der Freund muss auf Facebook geblockt, er muss auf Twitter ›entfolgt‹ werden, auf Foursquare ist die Freundschaft zu beenden, und auch auf Instagram steht ein langwieriger Löschungsprozess an.« Urs Stäheli kommentiert: »So einfach Verbindungen geschaffen werden, so kompliziert ist deren Auflösung« in den sozialen Netzwerken.[80]

Wir haben uns inzwischen an den Begriff ›Datenfriedhof‹ gewöhnt, aber in Zukunft könnte es noch eine andere Art von Friedhof im Internet geben. Das hat mit der Tatsache zu tun, dass täglich ca. 8000 Facebook-Mitglieder sterben, die ihre Daten hinterlassen. Facebook hat für diesen Fall eine neue Form der Datenverwaltung entwickelt und bietet zwei Optionen an: einen Antrag auf Löschung und einen Antrag auf »Herstellung des Gedenkzustands«. Mit der Memorialisierungsfunktion wird die Facebookseite zum interaktiven Grabstein und Versammlungsort für eine Trauergemeinde. Adrian Lobe sieht in der digitalen Memorialisierung auch einen Eingriff in die soziale Ökonomie von Erinnern und Vergessen: »Vielleicht ist es ein Menschenrecht, nach dem Tode vergessen zu werden, einen Schlussstrich unter das Gewesene zu ziehen. Doch die digitale Technologie zwingt uns, der Toten zu geden-

80 Urs Stäheli, »Entnetzt Euch! Praktiken und Ästhetiken der Anschlusslosigkeit«, *Mittelweg* 36 (4, 2013), 3-28.

ken. Das Internet ist wie das ›Hotel California‹: Man kann jederzeit auschecken, es aber nicht verlassen.«[81]

> Wer nicht von 3000 Jahren
> Sich weiß Rechenschaft zu geben
> Bleib im Dunkeln unerfahren,
> Mag von Tag zu Tage leben.[82]

Das Internet hat die Dimension der Dauer und der Langzeitstabilität von Informationen, die im Buchzeitalter gegolten hat, hinter sich gelassen und sich mit seiner Volatilität immer mehr der Bewegung des Lebens (und Sterbens) angeglichen. Das bedeutet jedoch, dass es – trotz der hartnäckigen Konservierung unliebsamer Daten – das Versprechen auf zuverlässigen Rückgriff nicht einlöst. Da die verlässliche Bestandssicherung für die Möglichkeit eines späteren Rückgriffs ein wichtiges Grundprinzip unserer Kultur ist, muss diese Funktion anderweitig durch Bibliotheken und Archive erfüllt werden. Auf Bibliothekare und Archivare kommt noch eine andere wichtige Aufgabe zu. Denn mit der rapide wachsenden Datenmenge wird auch die Orientierung im Datenmeer nicht einfacher. Floridi hat über die nicht mehr zu kontrollierende Masse der Big Data geschrieben: »Die Hälfte unserer Daten ist Schrott, wir wissen nur nicht welche!«[83]. Vor dem Hintergrund dieses gigantischen Anwachsens von Daten ist jetzt schon absehbar, dass Fragen der Verknappung und des ›Vergessens‹, bzw. der Relevanz, Auswahl und Bedeutung in Zukunft immer wichtiger werden. Diese Bewertungs-

81 Adrian Lobe, »Der virtuelle Friedhof«, *Frankfurter Allgemeine Sonntagszeitung*, 24. Juli 2016, Nr. 29, 47.

82 Johann Wolfgang von Goethe, ›Buch des Unmuts‹, *West-östlicher Diwan* (1819).

83 Luciano Floridi, *Die 4. Revolution. Wie die Infosphäre unser Leben verändert*, Berlin: Suhrkamp, 2015, 41

und Entscheidungsprozesse können nicht vollständig an Suchmaschinen abgegeben werden, sondern erfordern weiterhin auch die verantwortliche Arbeit gut ausgebildeter und erfahrener Menschen als professionelle ›gatekeeper‹.

Vom Vergessen zum Erinnern

Das ›Recht auf Vergessenwerden‹ ist als eine bahnbrechende Entscheidung bewertet worden. Sie stellt eine Herausforderung nicht nur für Juristen, Internetplattform-Betreiber und Informatiker dar, die sich mit den konkreten Fragen der Umsetzung befassen müssen, sondern auch für die Vergessensforschung, die hier mit einem neuen kulturgeschichtlichen Sachverhalt konfrontiert wird. Die neue Rechtsprechung macht auf einen tiefgreifenden kulturellen Wandel aufmerksam, der sich im digitalen Datenkosmos des Internets vollzogen hat. Wir sind nicht nur mit neuartigen Problemen konfrontiert, das ganze gewohnte Zusammenspiel zwischen Erinnern und Vergessen, das die Gesellschaft bislang geprägt hat, ist im Internet in Unordnung geraten. Die bestehende Ökonomie zwischen Erinnern und Vergessen, die bislang als selbstverständlich vorausgesetzt wurde, ist außer Kraft gesetzt, seit technische Maschinen die Kontrolle über die Sortierung des gespeicherten Datenvorrats übernommen haben. Seitdem ist das Erinnertwerden nicht mehr nur ein Segen, sondern auch zu einem Fluch geworden. Was auf irgendeinem Weg ins Internet gelangt ist, wird mit dem bloßen Verstreichen der Zeit nicht mehr dekomponiert und kann auch nicht mehr geschreddert werden. Es ist unbemerkt hinübergeglitten in das universale Online-Archiv der Menschheit, das mithilfe von Suchmaschinen blitzschnell durchsuchbar ist und zu dem immer mehr Menschen Zugang haben. Dieses digitale Mega-Archiv hat die Eigenschaft, von allen Seiten blitzschnell und mühelos alles Mögliche aufzunehmen, aber nichts zu vergessen – und auch nichts verlässlich zu behalten.

Nach den traditionellen Speichertechniken von Schrift und Buchdruck, von Fotografie, Film und Tonträgern hat sich die Menschheit mit dem Internet eine neue Gedächtnisprothese zugelegt, die die Grundstruktur der Kultur dramatisch verändert hat. Das hat Viktor Mayer-Schönberger in einem prägnanten Statement folgendermaßen zusammengefasst: »Seit Beginn der Menschheitsgeschichte war das Vergessen für uns Menschen die Regel und das Erinnern die Ausnahme [...] Aufgrund der weiten Verbreitung digitaler Techniken ist das Vergessen heute zur Ausnahme und das Erinnern zur Regel geworden.«[84] Luciano Floridi hat denselben Gedanken etwas anders ausgedrückt: »In der Hypergeschichte [dem Zeitalter der Informations- und Kommunikations-Technologien] ist das Sichern die Standardoption. Zum Problem entwickelt sich die Frage, was gelöscht wird.«[85]

Erinnern war bislang vorwiegend positiv besetzt. Man erinnert sich, um dazuzugehören, und man möchte nach dem Tod im Gedächtnis der Gruppe fortleben. Die *damnatio memoriae*, die Auslöschung eines Namens wie im Fall Hans Robert Jauß, gilt deshalb als eine schwere Strafe, zumal, wenn sie auch gleich noch die Vernichtung des Werks einschließt. Wir haben allerdings gesehen, dass es innerhalb der Kulturen auch positive Bewertungen des Vergessens gegeben hat. Vergessen wird gebraucht, um nach Niederlagen neu zu beginnen und nach traumatischen Konflikten eine neue Zukunft aufzubauen. Auch der Konfliktstoff trennender und vergiftender Erinnerungen muss-

84 Viktor Mayer-Schönberger, *Delete: Die Tugend des Vergessens in digitalen Zeiten,* Berlin: University Press, 2010, 11.

85 Luciano Floridi, *Die 4. Revolution. Wie die Infosphäre unser Leben verändert*, Berlin: Suhrkamp 2015, 40.

te vergessen werden, damit zwischen ehemaligen Gegnern ein neues Zusammenleben und wieder Zusammenwachsen möglich wurde. ›Die Schwäche des Gedächtnisses verleiht den Menschen Stärke‹ dichtete Bert Brecht. Auch die Verknappung von Information ist ein wichtiger Ursprung neuer Kreativität, wie die bereits genannten Beispiele von Goethe und Auerbach zeigen. Schon Nietzsche war überzeugt: Wer zu viel weiß, kann nicht mehr handeln – und verliert gleichzeitig die Konturen seiner Identität. Hamlet war ihm dafür ein Beispiel.

In der Informationsgesellschaft wurde Wissen grundsätzlich als ein kostbares Gut gehandelt. In Zeiten von Big Data hat sich das geändert. Seither ist zunehmend deutlich geworden, dass der ungeheure Zuwachs an Wissen Ungewissheit nicht mindert, sondern vermehrt. Deshalb macht man sich heute vermehrt und gezielt Gedanken über Strategien gegen die Überlast von Informationen. ›Nicht Wissen‹ ist unter dem Begriff ›Agnotologie‹ gerade im Zeitalter von Big Data in seinen unterschiedlichen Formen der Rückstufung, Ausblendung, Zerstörung, Missachtung, Neutralisierung und Hierarchisierung von Information zu einem neuen Gegenstand der Forschung geworden.[86]

Die These von Mayer-Schönberger geht jedoch viel weiter. Er spricht nicht von der kulturellen Bewertung von Erinnern und Vergessen, sondern von einer schleichenden Kulturrevolution, in der Erinnern und Vergessen die Plätze getauscht haben. Das wäre tatsächlich eine totale Umkehrung unserer Vorstellungen, die den bislang geltenden Grundsatz von der Leichtigkeit des Vergessens und der Schwierigkeit und Aufwendigkeit des Erinnerns in Frage stellt. Es bedurfte bisher in der Menschheitsgeschichte immer neuer Hilfsmittel und Stützen, um etwas

86 Vgl. S. 43.

zuverlässig aus dem Kurzzeitgedächtnis der Alltagskommunikation ins kulturelle Langzeitgedächtnis zu übertragen. In Stein meißeln und auf Messingplaketten gravieren, Aufschreiben und Drucken sind Beispiele für die mühsamen Vorkehrungen, die getroffen werden müssen, um etwas im kulturellen Gedächtnis zu verankern. Hinzu kamen noch die ›Sicherungsformen der Wiederholung‹: das wenige Wichtige musste zusätzlich immer wieder neu ausgewählt, im Bewusstsein vergegenwärtigt, erneuert und in lebendiger Erinnerung erhalten werden, wofür Gedenktage und Kommemorations-Ereignisse Anlass geben. Denn von allein tut sich hier gar nichts: Die kulturelle Reproduktion, die ja nicht über die Gene weitergegeben wird, ist angewiesen auf Symbole, die über Institutionen wie Elternhaus, Schule und öffentliche Medien an nachfolgende Generation weitergegeben, vermittelt und mit diesen immer wieder neu ausgehandelt werden.

Mit der digitalen Technologie ist eine einfache und effektive Form der Speicherung entstanden, die, was den Aufwand betrifft, alle früheren Verfahren in den Schatten stellt. »Der größte Teil geht verloren« – diese uralte Einsicht in die Dynamik des Gedächtnisses, die in Emblembüchern der Renaissance wiederaufgenommen und bis in die Gegenwart tradiert wurde, verliert im Internet ihre Plausibilität und fraglose Evidenz. Von 100 Tatsachen gehen 95 verloren, so hatte Musil den Prozess des Historischwerdens beschrieben. Das Verhältnis zwischen Gegenwart und Vergangenheit hat sich mit den digitalen Medien radikal verändert, seit sich das Speichervolumen in immer kürzeren Zeitabständen verdoppelt und damit der Prozentsatz dessen, was heute geschrieben, ausgetauscht, geknipst und auf Clouds, Servern, PCs und Smartphones festgehalten und zum Wiedergebrauch bereitgehalten wird, in die Höhe schießt.

Jeder und jede, die mit ihrem Smartphone ständig Fotos macht, weiß, wie leicht es ist, in kürzester Zeit enorme Daten-Massen anzuhäufen und Archivbestände anzulegen. Auf digitaler Basis sind bewegte und unbewegte Bilder, Töne und Texte einfach und unbegrenzt speicherbar. Genau genommen ist das Vergessen genauso einfach geworden wie das Erinnern: Mit derselben Anstrengung – es geht ja immer nur um einen Klick – können wir speichern und löschen. Doch das erweist sich inzwischen immer mehr als ein Trugschluss: was erst einmal eingespeist wurde in die weltweiten Datenströme, die von Server zu Server fließen, kann nicht mehr so einfach rückgängig gemacht werden. Es bilden sich obsolete, aber obstinate Datenschichten, die auf Knopfdruck oder mithilfe diffiziler Datenarchäologie jederzeit wieder an die Oberfläche zurückgeholt werden können.

Unter diesen Umständen ist eine neue unwillkürliche und unkontrollierbare Form des Erinnerns entstanden, die Friedrich Nietzsche vor 150 Jahren vorhergesehen hat, als er schrieb:

> »Es ist ein Wunder: der Augenblick, im Husch da, im Husch vorüber, vorher ein Nichts, nachher ein Nichts, kommt doch als Gespenst wieder und stört die Ruhe eines späteren Augenblicks.«[87]

Während Proust die unwillkürliche Erinnerung als eine säkulare Form der Offenbarung und Wiedergewinnung einer verloren geglaubten Zeit interpretierte, sprach Nietzsche von der ungerufen zurückkehrenden Erinnerung als einem unheimlichen Wiedergänger, der nicht in eine spätere Zeit

87 Friedrich Nietzsche, »Vom Nutzen und Nachteil der Historie für das Leben«, in: Karl Schlechta, *Werke in Drei Bänden*, Bd. 1, München: Hanser 1962, 211.

passt und dort auch nichts zu suchen hat. Damit hat er eine Erfahrung vorweggenommen, die heute alltäglich geworden ist: Der große Datenspeicher des Internets kann die soziale Ruhe stören, weil Früheres nicht in Stapeln abgelegt und durch Neues verdeckt wird oder anderweitig verblasst und mit der Zeit verloren geht, sondern weil im Internet alles gleich nah und fern ist, dauerhaft zugänglich bleibt und auf Knopfdruck mithilfe der von Algorithmen gesteuerten Suchmaschinen blitzschnell wieder an die Oberfläche geholt werden kann.

Eine neue Zeitstruktur?

Der fundamentale kulturelle Wandel vom Vergessen zum Erinnern als dem normalen Betriebsmodus der Gesellschaft führt nicht nur zu neuen rechtlichen und technischen Problemen, er wird derzeit auch in der Zeit-Theorie intensiv diskutiert. Nietzsche hat den Historismus Ende des 19. Jahrhunderts als ein wucherndes, die Gegenwart überschwemmendes Vergangenheits-Wissen wahrgenommen: »alle Grenzpfähle sind umgerissen und alles, was einmal war, stürzt auf den Menschen zu. […] Das historische Wissen strömt aus unversieglichen Quellen immer von neuem hinzu und hinein, das Fremde und Zusammenhanglose drängt sich, das Gedächtnis öffnet alle seine Tore und ist doch nicht weit genug geöffnet.«[88] Ohne sich auf diese Diagnose zu beziehen hat Hans Ulrich Gumbrecht eine ganz ähnliche Beschreibung des Internetzeitalters angeboten. Heute sind es nicht mehr die historischen Wissenschaften, sondern die neuen elektronischen Medien, die die Gegenwart mit Vergangenheit überschwemmen und damit

88 Friedrich Nietzsche, »Vom Nutzen und Nachteil der Historie für das Leben«, *Werke in 3 Bänden*, Bd. 1, München: Hanser, 1960, 231.

einen neuen Zustand hervorbringen, den Gumbrecht ›breite Gegenwart‹ nennt. Dieser neue Zeitmodus zeichnet sich dadurch aus, dass es nicht mehr gelingt, »irgendeine Vergangenheit hinter uns zu lassen«. Unsere Gegenwart wird von den Vergangenheiten überschwemmt, »wobei die Perfektion elektronischer Gedächtnisleistungen eine zentrale Rolle spielt«. Auf diese Weise ist »die Gegenwart zu einer sich verbreiternden Dimension der Simultaneitäten geworden. Alle jüngeren Vergangenheiten sind Teil dieser sich verbreiternden Gegenwart, es fällt uns schwer, irgendeinen Stil oder irgendeine Musik der vergangenen Jahrzehnte aus der Gegenwart auszuschließen«[89]. Die Gegenwart hat sich so stark verbreitert, weil sie die Vergangenheit nicht mehr hinter sich lässt, sondern komplett in sich aufgenommen hat. Die Folge dieser von Vergangenheiten überfluteten breiten Gegenwart ist ein melancholisches Zeitgefühl der Simultaneität, der Statik und Stagnation. Hinter dieser Zeit-Diagnose steht dasselbe Argument wie bei Nietzsche: die Gegenwart leidet darunter, dass sie das Vergessen verlernt hat!

In eine ähnliche Richtung geht die Analyse des Medienwissenschaftlers Andrew Hoskins, mit dem wichtigen Unterschied allerdings, dass seine Perspektive auf die breite Gegenwart nicht melancholisch, sondern eher euphorisch gefärbt ist. Auch für Hoskins, der eine Generation jünger ist als Gumbrecht, hat das Internet eine neue Zeitstruktur und eine gänzlich neue Form des kulturellen Gedächtnisses hervorgebracht. Das Merkmal dieser neuen Zeitstruktur ist für Hoskins »das Ende der Verfallszeit« (the end of decay time).[90] Unter diesem Titel hat er sich ein halbes

89 Hans-Ulrich Gumbrecht, Unsere breite Gegenwart, Frankfurt a.M.: Suhrkamp, 2010, 16.

90 Andrew Hoskins, »The end of decay time«, in: *Memory Studies* 6 (4) (2013), 387-389.

Jahr vor der Entscheidung des EuGH gegen ein Recht auf Vergessenwerden im Internet ausgesprochen. Diese Intervention verkenne die Wirklichkeit der neuen Medien. »Das heutige Leben vollzieht sich in Hyperkonnektivität – Kopieren, Zusammenstellen, Weiterleiten, Teilen, Verlinken, ›Liken‹ – nichts davon unterliegt mehr den Gesetzen einer ›Verfallszeit‹.« (387) Im Internet ist die Verfallszeit außer Kraft gesetzt: »Vor dem digitalen Zeitalter war die Vergangenheit ein Ort des Verrottens. Die Medien vergilbten, verblassten oder fingen an zu flackern, sie waren allesamt gezeichnet von den Spuren des Gebrauchs und Alters.« Sie alle, so Hoskins, markierten in ihrer Materialität den Abstand zwischen Vergangenheit und Gegenwart, der durch die elektronischen Medien aufgehoben sei. Die Vergangenheit sei aus dem Raum des Archivs befreit, in dem sie in verknappter und reduzierter Form überlebt hatte, und Teil einer Kultur geworden, die nicht mehr durch das Verknappungsprinzip charakterisiert ist (»post-scarcity culture«). »Plötzlich ist die verblichene und verblasste Vergangenheit alter Schulfreunde, ehemaliger Liebhaber und alles, was hätte vergessen werden können und sollen, wieder zurückgekehrt in eine einzige verknüpfte Gegenwart von Google, Flickr, Ebay, YouTube und Facebook.« In dem Maße, wie Big Data die Individuen, die Politik und die Kultur überschwemmt, zeichnen sich die Umrisse neuer Selbstkonstruktionen und der Aufstieg des Posthumanen ab.

Hoskins' Argumentation ist durchaus nachvollziehbar: Da das Internet nicht vergisst, da Informationen im Netz nicht vergehen, sondern auf Knopfdruck immer wiederherstellbar sind, geraten sie nicht in einen zeitlichen Abstand, sie verwittern auch nicht und unterliegen nicht wie materielle Bestände einer periodischen Entsorgung. Niemand kann sich mehr darauf verlassen, dass Dinge, die längere Zeit zurückliegen, deshalb auch verblassen und allmählich vergessen werden. Die ganze Bildlichkeit und Begrifflichkeit des Vergessens erscheint im Lichte der digitalen Medien als überholt. Aufgrund der neuen Zugänglichkeit, Verfügbarkeit und Transparenz der Daten kann Vergangenes jederzeit wieder aufgerufen werden und, wie wir inzwischen aus vielen Beispielen wissen, die Ruhe eines späteren Augenblicks stören. Diese Vergangenheit, die nicht mehr automatisch vergeht, kann also aktuelle Konsequenzen für die soziale Reputation von Personen haben.

Mit einer paradoxen ›Vergangenheit, die nicht vergeht‹, das soll hier wenigstens am Rande vermerkt werden, hat die deutsche Gesellschaft bereits in den 1980er Jahren Bekanntschaft gemacht, zum Beispiel im Juni 1986, als Ernst Nolte in einem Artikel in der *FAZ* diese Formel für das Trauma des Holocaust prägte. Tatsächlich gewann in den 1980er Jahren der Holocaust, wie schon Hermann Lübbe festgestellt hatte, an emotionaler Aufdringlichkeit, obwohl er sich zeitlich immer weiter von der Gegenwart entfernte. Statt vergessen zu werden und in der ›Verfallszeit‹ allmählich zu vergehen, blieb er hartnäckig ein Teil der Gegenwart. Diese Zeitanomalie ist inzwischen mit der Psychopathologie des ›Traumas‹ erklärt worden, ein Begriff, der erst 1980 von medizinischen Fachleuten reklamiert, neu definiert und praktisch eingesetzt wurde. Ein Trauma ist eine psychische Wunde, die nicht vernarbt. Deshalb kann es nicht vergessen werden; der Schrecken kann jederzeit in unkontrollierbaren Bildern wieder präsent werden und überschwemmt dabei die Gegenwart mit Vergangenheit.

Im Internet, so scheint es, ist unter ganz anderen, nämlich rein technischen und nicht psychischen, Bedingungen eine ähnliche Zeitanomalie entstanden, die als breite Gegenwart, Ende der Verfallszeit oder Aufhebung des Vergessens beschrieben wird. Das Internet, das kraft Verlinkung und Hyperkonnektivität alle Zeitsichten gleichermaßen präsent hält und uns mit uferlosen Informationsangeboten überschwemmt, hat die Vergangenheit, wie wir sie kannten, außer Kraft gesetzt.

Speichern und Erinnern

Kulturelles Gedächtnis, das ist inzwischen allgemeiner Konsens, ist nicht ohne Medien denkbar; im Gegenteil beruht es auf Medien, die dieses Gedächtnis formen und definieren. Hoskins geht jedoch noch einen Schritt weiter und setzt das kulturelle Gedächtnis mit seinen Medien gleich. Dieses Gedächtnis, so Hoskins, hat sich mit den neuen Medien fundamental verändert mit der Konsequenz, dass es seine Grenzen verloren und seinen Bezug zu Gruppen und Identitäten aufgelöst hat. Insbesondere hat die Aneignung der neuen digitalen Medien dazu geführt, dass sie inzwischen alle Lebensbereiche durchdringen. Deshalb spricht Hoskins von einem neuen Paradigma der Verlinkung (›connective turn‹). Unter diesen technischen Bedingungen gelangt er zu einer Gleichsetzung von Medien und Gedächtnis: »Das Gedächtnis wird heute von einer Medienökologie bestimmt, in der Überfluss, Verbreitung und Zugang zu Information über soziale Netzwerke, Knoten und digitale Archive unseren Umgang mit der Vergangenheit neu definiert.«[91]

Gewiss haben wir inzwischen alle die Lektion gelernt, dass das Gedächtnis schon immer von Medien geformt wurde und die digitalen Medien einen besonderen Einfluss auf die Bilder des individuellen und kollektiven Gedächtnisses haben. Es ist auch wichtig zu betonen, dass Medien zugleich die Grundlage und Umwelt sind, in die alle Akte

91 Andrew Hoskins, »Media, Memory, Metaphor«, *Parallax* 17 (4) (2011), 19-31; 29. Siehe auch *Save As … Digital Memories*, hg. von Joanne Garde-Hansen, Andrew Hoskins und Anna Reading, London: Palgrave Macmillan, 2009.

des Erinnerns und Vergessens eingebettet sind, denn sie liefern auch die Stützen und Muster, die unsere Erinnerungen formen und umformen, verfestigen und wieder auflösen. Hoskins geht mit seiner Gleichsetzung und Gleichschaltung von Medien und Gedächtnis jedoch noch einen Schritt weiter und proklamiert die vollkommene Verschmelzung von neuen Medien und Gedächtnis. Durch ›outsourcing‹ der Erinnerung ins Internet ist das Gedächtnis »durchdringend, zugänglich, disponibel, verteilt und vielfältig«, und, wie wir hinzufügen dürfen: bösartig geworden, weil das unerbittliche Gedächtnis des Internets auch all das speichert und in Umlauf hält, was man gern vergessen möchte oder von dem man sich wünscht, dass andere es vergessen mögen. Die Auslagerung des menschlichen Gedächtnisses ins Internet hat offenbar ihren Preis: es wird formlos und diffus, die Nutzer verlieren immer mehr die Kontrolle über ihre privaten Daten, Erinnerungen und ihre Identität.

Mit seiner These des ›connective turn‹ verbindet Hoskins die Überzeugung, dass im digitalen Zeitalter das Gedächtnis seine Verankerung in Identitäten aufgelöst hat und frei verfügbar geworden ist. In der neuen Welt allgemeiner Verlinkung ist ein anderer Link gekappt worden, der sich inzwischen als obsolet erweist: die Verbindung von Gedächtnis und Identität. Es gibt keine Vergangenheit mehr, aus der man stammt oder die man sich zuzurechnen hat, es gibt nur noch digitale Archive, aus denen sich ganz neue Konfigurationen ergeben: »statt sich als das zufällige Produkt einer Standard-Gruppe wie der Nation zu verstehen, kann das erweiterte digitale Archiv zur Produktion von neuen Erinnerungen internationaler Gruppen verhelfen«. (25) In der Post-Knappheits-Kultur ist immer mehr Information für immer mehr Nutzer ohne besonderen Aufwand erreichbar, speicherbar, übertragbar. Während die traditionellen Massenmedien Buch, Film und Fernsehen zu den Lesern und Zuschauern kamen, können sich die Internet-User heute selbst bedienen wie und wann sie wollen. In der digitalen Welt des ›HierJetzt‹ hat die Ware Information ihre Verbindung zu Ort, Zeit und Identität verloren.

Zur »Perfektion elektronischer Gedächtnisleistungen« gehört, dass sich ihre Speicherkapazität innerhalb immer kürzerer Fristen verdoppelt. Die Datenmenge, auf die Menschen heute Zugriff haben, hat sich damit exponentiell erhöht. Eine mögliche Beschreibung dieser Situation lautet, dass wir mit einer Überlast an Information zu tun haben, die nicht mehr bewältigt werden kann. Nietzsche sprach mit Blick auf das wachsende Wissen, das die historischen Geisteswissenschaften produzierten, von einer Flutwelle der Vergangenheit, die die Gegenwart überschwemmt; Hans Ulrich Gumbrecht vergleicht die breite Gegenwart der digitalen Medien mit einem stagnierenden Teich, der die ganze Vergangenheit in sich aufgenommen hat und aus dem nichts mehr abfließt. Hoskins spricht angesichts der neuen Medien, die die Vergangenheit in allgemein zugängliche Archive verwandelt haben und abrufbar halten, von der Auflösung von Identitäten.

Solche Diagnosen bestechen durch ihre griffige Sprache und ihren Durchblick. Sie sind aber auch nicht unproblematisch, weil sie sehr allgemein gehalten sind und das gesamte Leben unter die digitale Regie des Internets zwingen. Indem sie sich ausschließlich auf die technische Innovation konzentrieren, vergessen sie den Fortbestand des Alten und verschweigen damit die Komplexität unserer gegenwärtigen Lage. Denn es gibt ja noch ein Leben im Biologischen und Materiellen, das fortbesteht und damit weiterhin dem Einfluss der Verfallszeit unterliegt. Statt einer abstrakten Vereinheitlichung von Zeit und einer Gleichschaltung von virtueller und materieller Welt erscheint es angebracht, genauer über die neuen Interferenzen unterschiedlicher Zeiterfahrungen nachzudenken.

Entsprechendes gilt für die Gleichsetzung der Begriffe ›Gedächtnis‹ und ›Medien‹. Hier sind einige grundsätzliche Unterscheidungen angebracht, die, turn hin, turn her, keineswegs so plötzlich ihre Bedeutung verloren haben, sondern es wert sind, aufrechterhalten zu werden.

In diesem Zusammenhang möchte ich auf dem wichtigen Unterschied zwischen *Speichern* und *Erinnern* bestehen. Was Gumbrecht und Hoskins beschreiben, gilt für den Modus des Speicherns, nicht aber für den des Erinnerns. Beide machen die Technik dafür verantwortlich, die Verbindung zwischen Informationen und Identitäten zu kappen und damit auch die Voraussetzungen für das Erinnern aufzulösen. Das Internet hat aber nicht die Macht, Identitäten abzuschaffen oder gleichzuschalten; vielmehr kann es so oder so in den Dienst von Identitäten gestellt werden. Deshalb ist ein weiterer wichtiger Unterschied zwischen Erinnern und Speichern zu beachten: Speichern kann an technische Maschinen abgegeben werden, Erinnern dagegen können nur Menschen, die unverwechselbare Standpunkte, eingeschränkte Perspektiven, sowie Erfahrungen, Gefühle und Ziele haben. Die ›Überlast‹ unserer Datenspeicher wird nicht mit regelmäßigen Löschoperationen bewältigt, sondern mit Algorithmen, die rein rechnerisch Suchprofile erstellen und Datenströme sortieren. Die exponentiell vermehrte digitale ›Datenflut‹ hat bei genauerem Hinsehen also nichts Apokalyptisches an sich, denn sie nimmt – im Gegensatz zu großen Stapeln von Zeitungen – nicht viel Platz weg und ist dank blitzschneller Sortierverfahren punktgenau durchsuchbar und transparent. Sortieren und Durchsuchen ist aber nicht gleich Erinnern. Dafür bedarf es Kriterien der Bedeutung und Relevanz, die allein aus der Verbindung von Information mit individuellen und kollektiven Identitäten erwachsen, und deren Rückseite die Ausblendung von Unwesentlichem, die Negierung von Auszuschließendem und andere Akte des Vergessens sind. Die Auswahl von Informationen im Internet kann letztlich nicht an Suchmaschinen und Algorithmen abgegeben werden, ebenso wenig wie das Vergessen.

Es gibt inzwischen zwei Formen von Aufmerksamkeit, eine Aufmerksamkeit, die von Maschinen hergestellt wird, und eine Aufmerksamkeit, die nur Menschen aufbringen können. Die Aufmerksamkeit der Maschine funktioniert quantitativ. Sie hierarchisiert Informationen statistisch nach der Menge von Klicks, sie strukturiert somit auch die menschliche Aufmerksamkeit vor und entscheidet letztlich darüber, was gefunden werden kann und was nicht. Die menschliche Aufmerksamkeit funktioniert dagegen qualitativ. Aus ihr entspringt der Suchbegriff, der eingegeben wird, und der Pfad, den man sich durch das Gewebe der Links bahnt. Die Aufmerksamkeit der Menschen hängt damit nicht nur an Häufigkeitswerten, sondern auch an Relevanzkriterien. Was heiß und was kalt ist, was nah und was fern ist, was interessant und was langweilig ist, das können letztlich nur Menschen entscheiden. Obwohl das Gedächtnis der Menschen immer stärker vom Gedächtnis der Medien und Maschinen gestützt wird und längst von ihm abhängig ist, darf es mit Letzterem aber nicht gleichgesetzt werden. Es ist anders geordnet – durch bildliche Arrangements, verbale Narrative und freie Assoziationen. Dabei spielt noch etwas anderes eine Rolle, nämlich eine emotionale Aufladung, die etwas mit Erfahrung, Vorwissen und Gefühlen, kurz: mit lebendiger Existenz und Identität zu tun hat.

Auch gegen eine Gleichsetzung von *Medien* und *Gedächtnis* sind einige Unterscheidungen anzuführen. Medien sind grundsätzlich unersättlich, weshalb ihre Speicherkompetenz auch immer größer wird. Sie haben die Aufgabe, Informationen zu verpacken, zu vervielfältigen und in einem immer größeren Radius zu verbreiten. Dabei sind sie darauf angelegt, immer mehr Menschen miteinander zu verbinden. Medien, und insbesondere elektronische Medien, haben die eingebaute Tendenz, sich über Grenzen hinwegzusetzen: sie überqueren, überschreiten, transzendieren.

Für das Gedächtnis gilt das Gegenteil. Es definiert sich von dem her, was es ausschließt und ist begrenzt, wo immer die Grenzen gezogen, verhandelt, und neu gezogen werden. Bisher gab es keine sinnvolle Definition eines Gedächtnisses, die ohne die Vorstellung von Knappheit ausgekommen wäre. Knappheit ist dabei nicht nur eine Frage beschränkter Kapazität, sondern verweist viel grundsätzlicher auf die Notwendigkeit der Auswahl, die wiederum durch die Verbindung des Gedächtnisses mit einer Identität und einer Perspektive gegeben ist. Wenn wir gänzlich vom Vergessen als einem Organisationsprinzip und einer in das Gedächtnis eingebauten Energie absehen, verlieren wir auch die Konturen dieses Begriffs. In einer ›post-Verknappungs-Kultur‹ mag eine dramatische Vermehrung, ja Explosion von Daten herrschen, die aber nicht zu einer beliebigen Erweiterung des Gedächtnisses führt.

Während es also die Funktion der Medien ist, Informationen zu vermehren und im globalen Raum immer neue Links zu bilden, ist die Funktion des Gedächtnisses fast das Gegenteil, nämlich Unterscheidungen zu entwickeln und Horizonte aufzubauen, die die Perspektiven individueller und kollektiver Identitäten abstützen. Die konnektive Struktur der Medien überwindet diese Beschränkungen des Gedächtnisses, indem sie Gruppen, Nationen, Kulturen miteinander in Verbindung setzt und neue Konfigurationen ermöglicht. Ein globales Gedächtnis gibt es jedoch, wenn überhaupt, nur in Form von Anstrengungen der UNESCO,

die auf gemeinsamen Verabredungen und Verpflichtungen beruhen. Wenn wir Medien und Gedächtnis gleichsetzen, vergessen wir, dass Gedächtnis von Vergessen grundiert, von Verknappung bestimmt und mit Identitäten liiert ist. Wenn wir allerdings den Begriff ›Gedächtnis‹ durch Begriffe wie ›Wissen‹, ›Information‹, ›Daten‹, ›Archiv‹ ersetzen, dann ändert sich das Bild grundlegend, denn diese Begriffe haben keinen strukturellen Bezug mehr zur Primärenergie des Vergessens.

Der größte Teil geht verloren. Diese älteste Selbstbeschreibung des menschlichen Gedächtnisses galt bis vor kurzem für Individuen wie für Gesellschaften und Kulturen. Vergessen funktionierte automatisch und unauffällig, für das Erinnern waren besondere Anstrengungen nötig. Auch im Internet müssen immer neue und sicherere Speichertechniken erfunden werden. Das Bild aus dem Jahre 1610 mit dem Buch in der Wolke nimmt prophetisch eine neue Form der Online-Speicherung, nämlich das sogenannte ›Cloud Computing‹ vorweg. Wir sind nicht mehr allein auf die absturzgefährdeten Festplatten der eigenen

Computer angewiesen, seit es die zusätzliche Möglichkeit gibt, unsere Daten auf einer ›Wolke‹ zu parken.

Während bisher die Frage im Mittelpunkt stand, was und wie gespeichert wird, ist im Internet jedoch die Frage immer dringlicher geworden, was und wie gelöscht wird. In dem Maße, wie die Zugänglichkeit, Durchsuchbarkeit, Sortierung und Transparenz der Daten zugenommen hat, haben sich auch die Möglichkeiten des Zugriffs grundlegend erweitert und fordern deshalb neue Formen der Absicherung und Einhegung. Das Internet organisiert und hierarchisiert nicht nur unsere Aufmerksamkeit, sondern bedarf inzwischen selbst auch mitwachsender Aufmerksamkeit. Neuerdings muss ein bestimmter Wildwuchs der Daten mit gezielten Löschoperationen korrigiert werden: Das ist ein persönliches Desiderat und ein rechtlicher Anspruch geworden, die verhindern sollen, dass der uralte menschliche Wunschtraum des Erinnertwerdens allmählich in den Alptraum des nicht mehr Vergessenwerdens umkippt.

Aber auch die Paradoxien des Vergessens werden wir nicht los. So werden wir zum Beispiel nie vergessen, dass der Spanier, der das Verfahren am Europäischen Gerichtshof angestoßen und die Wende in der Informationspolitik eingeleitet hat, irgendwann mit einer Zwangsversteigerung zu tun hatte. Diese Paradoxie, auf die bereits Umberto Eco in den 1980er Jahren hingewiesen hat, hat längst einen griffigen Namen bekommen. Man spricht hier vom ›Streisand-Effekt‹, ein Begriff, der in einem Wikipedia-Artikel folgendermaßen aufgeschlüsselt wird: Damit wird

> »ein Phänomen bezeichnet, wonach der Versuch, eine unliebsame Information zu unterdrücken oder entfernen zu lassen, öffentliche Aufmerksamkeit nach sich zieht und dadurch das Gegenteil erreicht wird, dass nämlich die Information einem noch größeren Personenkreis be-

kannt wird. Seinen Namen verdankt das Phänomen Barbra Streisand, die den Fotografen Kenneth Adelman und die Website Pictopia.com 2003 erfolglos auf 50 Millionen US-Dollar verklagte, weil eine Luftaufnahme ihres Hauses zwischen 12.000 anderen Fotos von der Küste Kaliforniens auf besagter Website zu finden war. Damit stellte sie aber erst die Verbindung zwischen sich und dem abgebildeten Gebäude her, woraufhin sich das Foto nach dem Schneeballprinzip im Internet verbreitete.«

* * *

Der größte Teil ist verloren – das bleibt die Grunderfahrung mündlichen Tradierens von Texten und kulturellen Praktiken, die nicht durch feste Rituale und besondere Speichertechniken stabilisiert werden. Exemplarisch hat dies der hebräische Schriftsteller und Literaturnobelpreisträger Schmuel Josef Agnon in einer chassidischen Legende dargestellt, die das stufenweise Vergessen zum Thema macht. Es geht um magische Praktiken von Rabbinen, die sich über vier Generationen hinweg göttlichen Rat holten, indem sie an einer bestimmten Stelle im Wald ein Feuer machten und mystische Gebete sprachen, um ein besonders schwieriges »geheimes Werk zum Nutzen der Geschöpfe« zu vollbringen. Der letzte in der Reihe zählt noch einmal die Schwundstufen dieser Geschichte des Verlusts auf: »Wir können kein Feuer machen, wir können keine Gebete sprechen, wir kennen auch den Ort nicht mehr, aber wir können die Geschichte davon erzählen.« Agnons Legende bestätigt noch einmal den wichtigen Unterschied zwischen partiellem und totalem Vergessen, ganz im Sinne von Augustin: »Noch nicht völlig also haben wir vergessen, wovon wir uns wenigstens erinnern, dass wir es vergessen haben.« Gershom Scholem beendet mit dieser Erzählung sein Buch über die Hauptströmungen der jüdischen Mystik, in dem er eine vergessene Tradition in seinem wissenschaftlichen Diskurs zu neuem intellektuellen Leben erweckte.[92]

Was wir dagegen ganz vergessen haben, ist aus der Ökonomie des Gedächtnisses herausgefallen; das können wir, so Augustin, »auch gar nicht als Verlorenes suchen.« In der Dynamik des kulturellen Gedächtnisses ist jedoch auch manches aus dem Vergessen zurückgekehrt, was gar nicht mehr als Verlorenes gesucht wurde, jedoch irgendwo noch in materiellen Spuren überdauerte wie die hebräischen Schriftrollen aus den Tonkrügen am Toten Meer oder die Bilder- und Textwelt Echnatons, die nach seinem Tod in Altägypten im 14. Jahrhundert vor unserer Zeitrechnung einer umfassenden *damnatio memoriae* unterlag und erst im 19. und frühen 20. Jahrhundert durch die Archäologie Schritt für Schritt ins kulturelle Gedächtnis der Menschheitsgeschichte zurückgeholt wurde. So kann auch aus dem Nachlass das Werk eines Künstlers und noch seltener das einer Künstlerin wieder auftauchen und einen Platz im Kunstkanon und Gedächtnis der Museen finden. »Vor einigen Monaten hätte man des 25. Todestages von Valentin Talaga gedenken müssen. Doch nur wenigen Bonner Kunstfreunden ist der Maler ein Begriff. Zu Unrecht – unter den Bonner Künstlern des 20. Jahrhunderts sollte ihm ein ehrenvoller Platz eingeräumt werden.«[93] Mit dem unerwarteten Auftauchen seines Nachlasses im Besitz einer Nichte gewann der schon Vergessene wieder ein Profil und es schärften sich die Konturen des fast verlorenen Werks. »Bei der Wahl seiner zukünftigen Witwe kann ein Künstler gar nicht vorsichtig genug sein«, schreibt der Journalist

92 Diese Erzählung beendet das Buch von Gershom Scholem, *Die jüdische Mystik in ihren Hauptströmungen*, Frankfurt a.M.: Suhrkamp, 1967, 384.

93 Daniel Schütz, »Der biographische Nachlass – ein Füllhorn für die Wissenschaft«, *annoRAK*, (2011), 13.

Wolfgang Ebert.[94] Dieser Frau, die wie die altägyptische Göttin Isis den Prozess des Zerfalls und der Zerstreuung der Glieder ihres getöteten Gemahls Osiris aufhält, kommt die emblematische Rolle der Bewahrerin zu. Sie ist eine Agentin des Aufschubs vor dem endgültigen Vergessen und organisiert zusammen mit Galerien und Museen das Nachleben eines Künstlers mithilfe von Briefwechseln und Fotos, Skizzenbüchern und Werkkatalog. Zwischen Erinnern und Vergessen tun sich auf diese Weise immer wieder überraschende Spiel- und Verhandlungsräume auf.

Es gibt aber auch viele Verschränkungen und Übergangsstufen, die es erlauben, noch eine Geschichte von dem zu erzählen, was sich gerade entzieht, ins Dunkel abgesenkt wird, unerwartet wieder auftaucht oder mühsam zurückerobert wird. Die sieben Fallbeispiele, die den zweiten Teil dieses Buches ausmachen, sind dabei nicht als eine 1:1-Entsprechung der sieben Formen des Vergessens zu verstehen, die einleitend idealtypisch vorgestellt wurden. Vielmehr zeigt sich an diesen Geschichten, wie in jedem Einzelfall mehrere Formen des Vergessens ineinandergreifen, die so in ihrer Dynamik genauer erfasst werden können. Gleichzeitig stellen die einzelnen Kapitel einen je eigenen Aspekt des Vergessens in den Vordergrund. Im *ersten Kapitel* über die (Un-)Sichtbarkeit der Denkmäler wird Vergessen im Rahmen einer Aufmerksamkeitsökonomie als ein In-die-Distanz-Versetzen oder In-die-Nähe-Zurückholen sinnlich umgesetzt, wobei sich am Beispiel von Aljoscha und Dr. Karl Lueger zeigte, wie etwas zurückgestuft wurde, was bislang eine unbefragte Geltung besaß. Im *zweiten Kapitel* ist das Vergessen an einen politischen Systemwechsel gebunden. Die Verabschie-

94 »Was vom Künstler übrig bleibt«. Generalanzeiger Bonn vom 23.11.2012. Constanze Mozart gilt in diesem Sinne als die erste Künstlerwitwe.

dung Lenins aus dem politischen Gedächtnis Russlands und der DDR diente der Anpassung des Staats an ein neues nationales Selbstbild. Das *dritte Kapitel* handelt von der engen Verbindung von Krieg und Kulturzerstörung im 20. und 21. Jahrhundert. Vandalismus ist eine symbolische und demonstrative Form der Vernichtung des Gegners durch Auslöschung seines kulturellen Erbes.

Im *vierten und fünften Kapitel* geht es um die Verdrängung der einen Erinnerung durch eine andere. Die zentrale Bedeutung und globale Ausbreitung der Holocaust-Erinnerung hat in Deutschland dazu geführt, dass für frühere Genozide in der deutschen Geschichte wenig Interesse und Aufmerksamkeit vorhanden war. Die Strahlkraft der einen Erinnerung dunkelte anderes ab und verfestigte auf diese Weise blinde Flecken im historischen Gedächtnis der Deutschen. Auch in der Konstellation von Holocaust und Nakba spielen blinde Flecken eine wichtige Rolle. Hier geht es aber um eine polemisch-antagonistische Situation. Da es sich jeweils um fundierende politische Narrative handelt, die sich gegenseitig ausschließen, destabilisieren und in Frage stellen, kann es wie bei Sieg oder Niederlage jeweils nur eine einzige Erinnerung geben: die eigene oder die der anderen. Für ein Nebeneinander beider Geschichten und ihre Zusammenführung muss erst noch ein politischer Rahmen geschaffen werden. Die normative und formative Kraft der einen Erinnerung schließt eine andere Erinnerung, die als Gegenerinnerung wahrgenommen wird, explizit aus. Das war auch um die Jahrtausendwende herum in Deutschland der Fall, als viele Kritiker davon ausgingen, dass die Erinnerung an deutsche Schuld durch die Erinnerung an deutsches Leid in Gestalt von Bombenkrieg, Flucht und Vertreibung gefährdet würde. Das *sechste Kapitel* behandelt einen aktuellen Fall von *damnatio memoriae* und beschreibt das Paradoxon, wie die Biographie eines Geisteswissenschaftlers mit NS-Vorgeschichte intensiv erinnert wird, um ihn anschließend zu vergessen, sprich: in einem Akt der Geschichtsbereinigung aus den Annalen der Universität zu streichen.

Wie sich derzeit die Bedeutung von Erinnern und Vergessen unter dem Vorzeichen der technischen Digitalisierung verändert, ist der Gegenstand des *siebten Kapitels*. Erinnern und Vergessen, so hören wir, hätten die Plätze getauscht; während vormals das Erinnern kulturelle Anstrengungen erforderte, täte dies nun das Vergessen. Löschen sei zu einer komplexen Aufgabe geworden, seit die Zeit nicht mehr mit dem Vergessen im Bunde stünde und ihr segensreiches Werk der Informationsreduktion lautlos und unsichtbar hinter unserem Rücken verrichte. Diese Beschreibung verkennt jedoch, dass wir bei aller Zunahme elektronischer Speicher- und Kommunikationstechnologien und der damit einhergehenden rapiden Erweiterung der ›Infosphäre‹ weiterhin lebensweltlich auch mit materieller und organischer Substanz und ihren Verfallszeiten zu tun haben werden, ebenso wie mit mentalen, emotionalen und identitätsspezifischen Horizonten des Gedächtnisses. Erinnern und Vergessen bleiben also weiterhin eng miteinander verschränkt, und das heißt, dass es eine volle Kontrolle über das Gedächtnis, sei es nun das neuronale, psychologische, soziale, politische, technische oder kulturelle, nicht so bald geben wird.